Günther Beyer

Brain Fitness

Günther Beyer

Brain Fitness

Das neue Gedächtnistraining

mvg Verlag

Bibliografische Information der Deutschen Bibliothek
Die Deutsche Bibliothek verzeichnet diese Publikation in der Deutschen Nationalbibliografie; detaillierte bibliografische Daten sind im Internet über http://dnb.ddb.de abrufbar.

Überarbeitete Neuausgabe

Umschlaggestaltung: Atelier Seidel, Neuötting
Satz: Fotosatz H. Buck, Kumhausen
Druck: Himmer, Augsburg
Bindearbeiten: Thomas, Augsburg
Printed in Germany 06136/080401
ISBN 3-636-06136-4

Inhalt

Vorwort

Verehrter Leser,

mit diesem Buch habe ich die Aufgabe übernommen, den neuesten und letzten Stand moderner Lernmethoden darzustellen und zu trainieren. Dabei fiel mir die Aufgabe zu, schlechtere Methoden gegen bessere und neuere auszutauschen.

Was gut war und immer noch gut ist, wurde belassen, anderes überarbeitet. Ergänzt wird das Buch zum ersten Mal durch eine neu entwickelte CD-ROM, mit der Sie interaktiv und unterhaltsam Ihren Kopf fit halten können (siehe dazu das Kapitel zur CD-ROM ab Seite 207).

Da wir öfter telefonisch und schriftlich um weitere Hilfen und Trainingsmöglichkeiten angegangen werden, habe ich diesmal im Anhang Seminare und weitere Möglichkeiten meines Instituts zur Information und als ergänzende Hilfen zu diesem Buch aufgelistet.

Ich möchte auch nicht versäumen, Herrn Professor Frederic Vester, inzwischen leider verstorben, mit dem zusammen ich zwei Bücher geschrieben habe, für seine wertvollen Anregungen und Theorien zum Thema „stressfreies Lernen" zu danken.

Ebenso möchte ich mich bei den Mitarbeitern meines Institutes herzlich für die andauernde Unterstützung bedanken, wenn es darum ging, Lernmethoden zu testen und weiterzuentwickeln.

Ich wünsche nun Ihnen, verehrter Leser, viel Spaß und Erfolg mit meinem Buch „Brain Fitness. Das neue Gedächtnistraining".

Günther Beyer

I. Gedächtnistraining

0. Lernen, beobachten, konzentrieren

Allgemeines: Mark Twain sagte einmal: „Jeder ärgert sich über das Wetter – aber niemand tut etwas dagegen." Ähnlich wie mit dem Wetter ergeht es uns, wenn uns unser Gedächtnis im Stich lässt. Aber was, meine verehrten Leser, tun Sie dagegen, was haben Sie bis jetzt unternommen, um ihr Gedächtnis und Ihre Konzentration zu verbessern?

In zahlreichen Zeitungsartikeln konnte man lesen, dass ich in der Lage sei, bis zu 60 Zahlen und Begriffe zu behalten, wenn ich sie nur einmal höre, und ohne zu übertreiben kann ich das aus eigenem Munde bestätigen. Oft sind mir schon große Summen für mein Erinnerungsvermögen geboten worden.

Bitte glauben Sie nicht, dass ich ein solches Angebot immer und unbedingt ausschlage, aber tatsächlich reicht der Kaufpreis dieses Buches aus, um zu einem guten und sogar sehr guten Gedächtnis zu kommen.

Der Kaufpreis dieses Buches allein genügt natürlich nicht ganz. Ein gewisses Maß an Zeit und gedanklicher Arbeit ist unbedingt die Voraussetzung, um eine gute Konzentration und ein außergewöhnliches Gedächtnis zu erhalten. Das soll nicht heißen, dass Sie jetzt Tag für Tag Ihre ganze Freizeit opfern müssen. Im Gegenteil, einige wenige und auch amüsante Minuten am Tag genügen, um das Ziel dieses Buches und der CD-ROM zu erreichen, nämlich ein fünffaches Gedächtnis und eine Verdoppelung der Konzentration. Ich werde Sie im Laufe dieses Buches nicht mit wissenschaftlichem Material voll stopfen, sondern gebe Ihnen nur immer dann einige theoretische Details, wenn es für das Verständnis der einzelnen Übungen unvermeidbar ist. Wenn Sie dieses Buch kurz durchblättern – und das sollten Sie einmal tun – so werden Sie finden, dass diese Kapitel aufbauend sind. Es nützt Ihnen also nichts, wenn Sie vorgreifen.

Wie Sie wissen, wird seit langem von Psychologen und Pädagogen bestätigt, dass der Mensch sein Gedächtnis und seine Konzentration nur zu einem geringen Bruchteil ausnutzt. Das vorliegende Buch soll Ihnen helfen, diesem Missstand ein für allemal abzuhelfen. Damit dürften Sie dann für alle Zeit über ein hervorragendes Gedächtnis und eine ausgezeichnete Konzentration verfügen.

Beobachtungsgabe: Ist das obere Licht einer Verkehrsampel rot oder grün oder blau? Eine banale Frage. Aber stellen Sie sich einmal vor, Sie wären der Mittelpunkt einer Quizsendung. Die Augen von fünf Millionen Fernsehzuschauern sind gebannt auf Sie gerichtet, die Belohnung für die richtige Beantwortung dieser Frage sind 15.000,– EUR. Das ist schon ein Grund, um ins Schwitzen zu kommen. Also, welche Farbe hat das obere Licht der Verkehrsampel? Vielleicht zögern Sie jetzt etwas, bevor Sie „rot“ sagen. Die Antwort stimmt, kein Wunder, die Frage war leicht. Bei der nächsten Frage werde ich jedoch Ihren vielleicht berechtigten Stolz etwas dämpfen müssen. Schauen Sie jetzt bitte **nicht** auf Ihre Armbanduhr und beantworten Sie mir folgende Frage: „Ist die Sechs Ihrer Armbanduhr eine arabische oder römische Ziffer? Denken Sie genau nach, von Ihrer Antwort hängt viel ab. Wahrscheinlich nur nach Zögern werden Sie Ihre Antwort geben und im Zweifel sein, ob sie richtig ist. Schauen

Sie jetzt bitte nach, vielleicht haben Sie auf Ihrer Uhr gar keine Sechs, sondern nur einen Punkt?

Aber es geht schon weiter. Sie haben doch gerade auf Ihre Uhr gesehen, welche Zeit zeigt sie an? Halten Sie mich bitte nicht für unverschämt, wenn ich Ihnen auf den Kopf zusage, dass Sie es nicht wissen. Erst wenn Sie ein zweites Mal nachschauen, werden Sie wissen, wie spät es ist.

Überlegen Sie vielleicht einmal, welcher Unterschied zwischen dem ersten und dem zweiten Nachschauen besteht. Dann versuchen Sie meine nächste Frage zu beantworten.

Woche für Woche, Jahr für Jahr gehen durch Ihre Hände ungezählte Geldscheine. Deshalb wissen Sie sicherlich auch, dass auf den Geldscheinen eine vielstellige Buchstaben- und Zahlenkombination zu finden ist. Wissen Sie auch, auf welcher Seite sich diese Kombination befindet und wie oft und ob auf der Kopfseite oder der Rückseite? Wenn Sie nicht im Bankfach tätig sind, werden Sie sicherlich nur raten können. Zu Ihrer Information, diese Kombination steht auf der Rückseite, und zwar einmal unten links und einmal oben rechts. Wenn ich Sie jetzt frage, wie oft der Geldbetrag als Wort (nicht in Ziffern) aufgedruckt ist, dann werden Sie ebenfalls passen, obgleich Sie doch täglich mit diesen Scheinen umgehen. (Die Geldbeträge sind immer nur in Ziffern aufgedruckt.)

Hier haben Sie also den Fall, dass Sie etwas Tag für Tag sehen und doch nicht aufnehmen – das heißt, dass Sie etwas optisch erfassen, aber nicht geistig. Genauso ergeht es Ihnen mit Ihrer Kontonummer – die Sie ebenfalls sehr oft sehen oder schreiben – oder haben Sie sie vielleicht im Kopf? Solche alltäglichen Beispiele könnte ich Ihnen zu hunderten aufzählen und Sie würden in den meisten Fällen doch vergeblich überlegen, nicht wahr? Aber das ist noch lange kein Grund, die Hände über dem Kopf zusammenzuschlagen und den Weltuntergang nahen zu sehen. Es handelt sich hier lediglich um eine mangelnde Beobachtungsgabe. Ich benutze absichtlich den Begriff „lediglich", denn Beobachtungsgabe ist eine automatische Funktion Ihres Gedächtnisses, und jedes Gedächtnis lässt sich fast beliebig steigern, teilweise sogar so sehr, wie Sie es mir jetzt noch nicht glauben werden, spätestens aber nach Studium dieses Buches. Den Beweis dazu werden ich Ihnen auf den nächsten Seiten erbringen.

1. Lerntypen und Wortpaare

A. Lerntypen

Wenn Sie einmal Ihre Mitmenschen befragen, wie sie lernen, werden Sie eine große Anzahl verschiedener Antworten bekommen. Der eine sagt Ihnen: „Ich kann das gut behalten, was ich höre." Der Nächste wird vielleicht sagen: „Wenn ich etwas schreibe und mir dabei noch darüber Gedanken mache, dann funktioniert mein Gedächtnis sehr gut." Wieder ein anderer lernt vielleicht dann am besten, wenn er etwas sieht, usw. Und auf irgendeine Weise werden Sie ebenfalls den zu lernenden Stoff am besten behalten. Denken Sie einmal kurz darüber nach.

Wenn wir nun die Antworten Ihrer Mitmenschen systematisch einordnen, dann ergibt sich folgende Tabelle:

Wir behalten oder nehmen auf:

10 % von dem, was wir lesen
20 % von dem, was wir hören
30 % von dem, was wir sehen
50 % von dem, was wir hören und sehen
70 % von dem, was wir selbst sagen
90 % von dem, was wir selbst tun

Wir behalten oder nehmen auf:

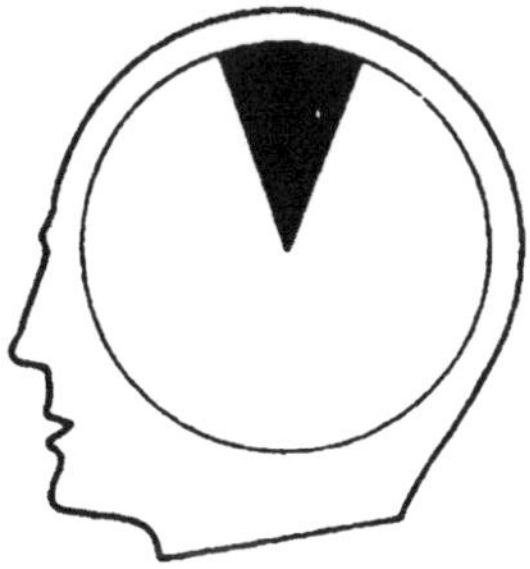

**10 % von dem,
was wir lesen**

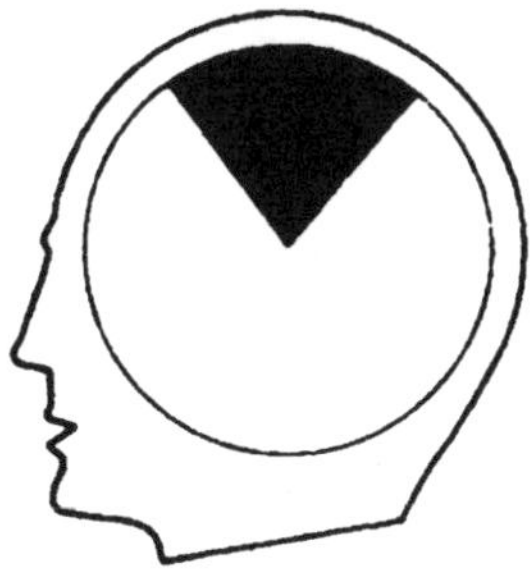

**20 % von dem,
was wir hören**

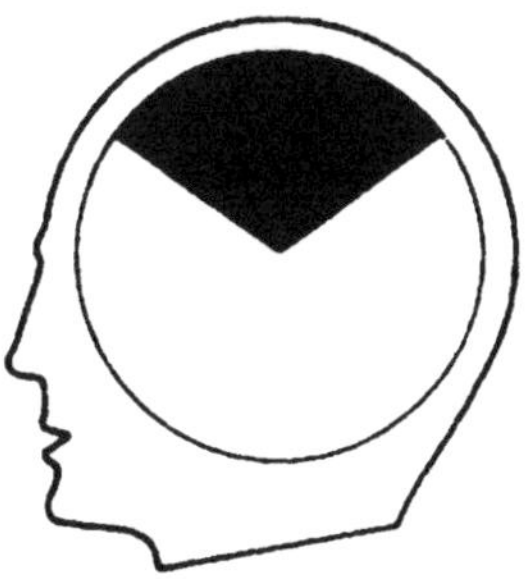

**30 % von dem,
was wir sehen**

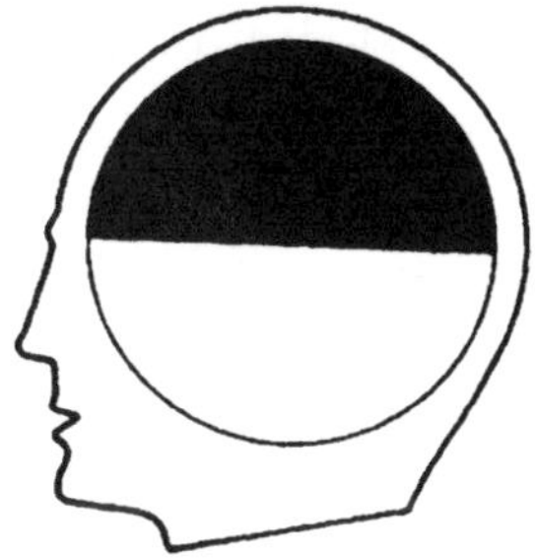

**50 % von dem,
was wir hören und sehen**

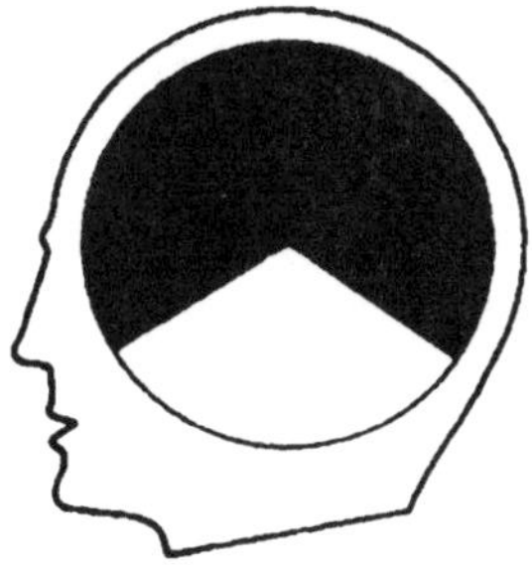

**70 % von dem,
was wir selbst sagen**

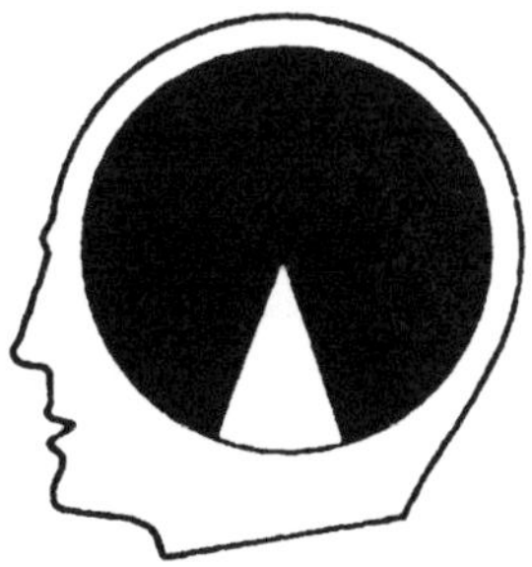

**90 % von dem,
was wir selbst tun**

Warum Sie so verschieden gut behalten, das lässt sich sehr einfach erklären. Wenn Sie etwas lesen, dann nehmen Sie ein abstraktes Schriftbild auf. Hören Sie etwas, so nehmen Sie ein abstraktes Klangbild auf. Hierbei ist das Schriftbild starr und unbeweglich, im Klangbild liegt aber normalerweise noch ein etwas abwechslungsreicher Ton. Da dieser auch noch mit einer sich bewegenden Person (der Vortragende) verbunden ist, fällt es Ihnen leichter, das Gehörte zu behalten.

Wenn Sie etwas sehen, dann fällt Ihnen das Behalten noch leichter, denn das, was Sie sehen, ist nicht mehr ein abstraktes Schriftbild, sondern ein plastischer, konkreter, bewegter Ablauf.

Beim Hören und Sehen arbeiten Sie mit zwei Eingangskanälen (Auge und Ohr), also reizen Sie auch einen weitaus größeren Bereich Ihres Gedächtnisses. Wenn Sie aber selbst etwas sagen, dann sind das normalerweise Dinge, die Sie durchdacht haben, die Ihnen klar sind und die deshalb Ihrem Gedächtnis leicht fallen. Wenn Sie darüber hinaus sogar selbst etwas tun, dann hören und sehen Sie das, was Sie tun. Ihre Motorik wirkt mit, Sie sind hochaktiv, und damit ist es Ihr Gedächtnis ebenfalls. Nun ist das Gedächtnis aber auch sehr stark vom Verständnis dessen abhängig, was der Mensch lernt. Verstehe ich einen Sachverhalt nicht, dann werde ich auch Schwierigkeiten haben, ihn zu behalten. Verstehe ich ihn gut, dann hat es mein Gedächtnis hingegen recht leicht, Informationen aufzunehmen.

Lässt man das Verständnis einer Sache mit in unsere Prozenttabelle über das Lernen einfließen, dann ergeben sich folgende vier Lerntypen:

1. Der abstrakt-verbale Lerntyp

Er versteht dann am besten, wenn ihm eine Sache kompliziert, abstrakt formelhaft erklärt wird. Das kann entweder schriftlich oder mündlich geschehen. Obwohl er dann nur etwa zehn bis 20 Prozent seines Gedächtnisses ausnutzt, kann er auf diese Art dennoch am besten behalten, weil hier sein Verständnis am größten ist.

2. Der anschauliche Lerntyp

Er versteht und behält am besten, wenn er in anschaulicher, plastischer Form das sieht, was er behalten soll. Das kann durch einen gezeigten Versuch, ein Modell oder einen vorgefertigten Film geschehen. Auch anschauliche Bilder und Grafiken helfen ihm. Bei diesem Lerntyp treffen also die 30 Prozent unserer Tabelle mit einem hohen Verständnis um die Dinge zusammen.

3. Der haptische Lerntyp

Dieser Lerntyp muss sich an die Information, die er aufnehmen will, emotional binden. Das erreicht er durch anfassen (haptere [lat.] = anfassen), fühlen, riechen oder schmecken. Hier werden also außer dem Auge noch weitere Eingangskanäle wie Geruchssinn, Geschmackssinn und Tastsinn benutzt. Gleichzeitig herrscht ein sehr hohes Verständnis vor.

4. Der praktische Lerntyp

Er macht selbst Experimente mit den Dingen, über die er Verständnis gewinnen will, um sie ins Gedächtnis aufzunehmen. Hier haben wir das 90-prozentige Behalten von dem, was man selbst tut, gepaart mit einem sehr guten Verständnis.

Damit Ihnen diese vier Lerntypen noch klarer werden, soll an dieser Stelle ein physikalisches Phänomen erklärt werden, nämlich die Entstehung des Druckes. Es handelt sich dabei immer um das gleiche Phänomen, nur werde ich es auf vier verschiedene Arten erklären, und zwar bezogen auf die Lerntypen 1, 2, 3 und 4.

Abstrakt-verbaler Lerntyp:

Er hört oder liest Folgendes:

Bei gleicher Kraft und unterschiedlicher Auflagefläche entstehen unterschiedliche Drücke. Hierbei ist der Druck gegenproportional der Fläche, und das bedeutet: P = F/A

Anschaulicher Lerntyp:

Er schaut sich in einem Film den folgenden Versuch an:

Zwei gleich schwere Personen (ein Mann und eine Frau) stehen auf einem weichen Untergrund. Der Mann hat breite Absätze an seinen Schuhen, die Frau hat spitze, dünne Absätze. Kurze Zeit darauf stellt man fest: Die Abdrücke der Frau sind wesentlich tiefer. Warum das so ist, leuchtet dem anschaulichen Lerntyp schnell und einfach ein.

Haptischer Lerntyp:

Unter jeweils gleicher Kraftaufwendung probiert er Folgendes aus:

Zuerst drückt er mit dem Finger auf die stumpfe Rückseite eines Bleistiftes, dann mit der gleichen Kraft auf die Spitze der Vorderseite. Hier erlebt er das Phänomen „Druck" einmal als sanften Druck und einmal als Schmerz, und das bleibt haften! Er hat sich emotional gebunden.

Praktischer Lerntyp:

Dieser Typ macht das folgende Experiment:

Er schlägt zwei Nägel in ein Stück Holz. Beim ersten Mal mit der Spitze voraus und beim zweiten Mal mit dem Kopf voraus. Dass der Nagel beim zweiten Mal nicht in das Stück Holz eindringt, merkt er sehr schnell und versteht auch, warum.

Es gibt etwa fünf bis zehn Prozent abstrakt verbaler Lerntypen. Die restlichen 90 bis 95 Prozent verteilen sich auf die Typen anschaulich, haptisch und praktisch. Kurioserweise wird aber der größte Teil der Informationen, die Menschen untereinander mitteilen, sehr abstrakt und verbal oder schriftbildlich weitergegeben. Das liegt daran, dass alle anderen Möglichkeiten zu aufwändig und kostspielig sind. Die wenigen Lehrfilme und Versuchslabors in Schulen z. B. sind bislang nur ein Tropfen auf den heißen Stein. Was können Sie also tun, wenn Sie zu den 90 Prozent der nicht abstrakten Lerntypen gehören und automatisch benachteiligt sind, wenn Ihnen viele Fakten abstrakt dargeboten werden? Nun,

Sie können nicht verlangen, dass das Angebot geändert wird. Also bleibt Ihnen nichts anderes übrig, als abstrakte Inhalte für Ihren eigenen Lerntyp entsprechend abzuändern. Und das sollen Sie in diesem Buch systematisch lernen.

B. Wortpaare: die ersten Grundübungen

Sie haben die Aufgabe, sich die folgenden zwei Wortpaare zu merken. Wenn ich Sie frage, was bei dem Wort „Mann" steht, dann müssen Sie wissen: Maus. Frage ich umgekehrt, was bei dem Wort „Maus" steht, dann müssen Sie wissen: Mann. Sie müssen also dieses Wortpaar in beide Richtungen abrufen können, so wie Sie es ja auch bei Vokabeln tun.

Mann – Maus
Lampe – Bleistift

Das Schriftbild dieser beiden Wörter ist abstrakt. Der Inhalt aber, der hinter diesen beiden Wörtern steckt, ist anschaulich. Damit haben wir schon eine Möglichkeit, abstrakte Informationen ins Anschauliche zu übersetzen. Bitte stellen Sie sich einmal mit geschlossenen Augen vor, wie ein Mann eine Maus füttert. Hierbei müssen Sie dieses Bild tatsächlich sehen, es genügt nicht, wenn Sie nur daran denken. Wenn Sie nun dieses Bild tatsächlich vor Ihrem geistigen Auge gesehen haben, dann geschieht in Ihrem Gedächtnis Folgendes:

Denken Sie an das Wort „Mann", so taucht vor Ihrem geistigen Auge sofort wieder das Bild auf, wie ein Mann eine Maus füttert, und damit kennen Sie bereits das dazugehörige Wort. Denken Sie umgekehrt an das Wort „Maus", so passiert das Gleiche, nur eben umgekehrt. Bitte probieren Sie dieses Prinzip jetzt an der Kombination „Lampe – Bleistift“ aus. Sie können sich z. B. vorstellen, wie Sie mit einem Bleistift eine Lampe zeichnen.

An dieser Stelle beginnen wir nun mit systematischen Übungen. Bitte stellen Sie sich in Übung 1 für jedes Wortpaar ein Bild vor und machen Sie anschließend die Probe. Dabei decken Sie zuerst die rechte Hälfte der Übung zu und versuchen sich mithilfe Ihrer Bilder an die zugedeckte Seite zu erinnern. Anschließend decken Sie die linke Hälfte zu und machen die Probe umgekehrt. Auf diese Art und Weise werden Sie in der Lage sein, sich an die meisten Wörter zu erinnern. Nur eines dürfen Sie nicht machen, nämlich die gesamte Übung zudecken, denn vorläufig brauchen Sie noch entweder den linken oder den rechten Begriff als Schlüsselwort (wie auch bei Vokabeln). Die neben den einzelnen Übungen angegebenen Zeiten (in Minuten) sind Richtzeiten und keine Fixzeiten. D. h., Sie können mit „sportlichem Ehrgeiz" versuchen, innerhalb dieser Zeiten die jeweilige Übung zu behalten. Wenn Sie das schaffen, dann besitzen Sie auf dem jeweils gerade trainierten Gebiet ein mindestens viermal so gutes Gedächtnis, verglichen mit einem Durchschnittsgedächtnis Ihrer Mitmenschen. Wenn es Sie aber stört, dann brauchen Sie sich niemals an diese Richtzeiten zu halten.

Bitte machen Sie jetzt die Übung 1.

Übung 1

Wortpaare, 10 Wörter – 1 Minute

Papier	–	Suppe
Hase	–	Sand
Baum	–	Hose
Mantel	–	Bürste
Schiff	–	Schrank

C. Sie haben immer drei Möglichkeiten

Wenn unsere Methode brauchbar sein soll, dann muss sie die drei Lerntypen – anschaulich, haptisch und praktisch – erfassen und unterstützen können. Damit uns das gelingt, müssen Sie die Bilder auf folgende Art und Weise aufbauen:

1. Sie sehen vor Ihrem geistigen Auge ein Bild. Z. B. Schiff – Schrank: Auf dem neuen Schrank steht ein kleines Schiff (anschauliche Darstellung).
2. Sie binden sich gefühlsmäßig an Ihr Bild. Z. B. Schiff – Schrank: Sie ärgern sich, weil das Schiff den neuen Schrank verkratzt (haptische Darstellung).

3. Ihre eigene Person ist mit in Ihr Bild einbezogen. Z.B. „Schiff – Schrank“: Sie selbst stellen vor Ihrem geistigen Auge das Schiff auf den Schrank (praktische Darstellung).

Welche der drei Möglichkeiten Sie nehmen, bleibt Ihnen überlassen. Sie nehmen immer die Art von Bild, die Ihnen am leichtesten fällt. Damit ist Ihrem Lerntyp bereits Genüge getan. Da Sie aber niemals nur einem Lerntyp ausschließlich zuzuordnen sind, sondern lediglich ein bestimmter Lerntyp neben anderen dominiert, werden Sie einmal ein solches und einmal ein anderes Bild aufbauen. Wenn Sie aber nach ca. 100 Bildern nachzählen, wie viele Bilder Sie von der einen oder anderen Art zur Hilfe genommen haben, dann wissen Sie auch, welcher Lerntyp bei Ihnen der dominierende ist.

Bitte üben Sie jetzt das Bilderverknüpfen (Assoziieren) mit Übung 2.

Übung 2

Wortpaare, 20 Wörter – 2 Minuten

Ring	–	Kanne	Knochen	–	Heft
Geige	–	Sack	Fleisch	–	Flugzeug
Buch	–	Vogel	Schaf	–	Gitarre
Auge	–	Wasser	Holz	–	Schere
Bleistift	–	Beutel			
Reifen	–	Krug			

D. Typische Fehler

Vielleicht haben Sie in Übung 2 die Gitarre mit der Geige oder den Sack mit dem Beutel verwechselt. Wenn ja, dann lag das daran, dass Ihre Bilder nicht klar genug waren. Wenn Sie sich bei „Geige“ lediglich ein Saiteninstrument vorstellen und das auch noch ziemlich verschwommen, dann bleibt eine Verwechslung mit der Gitarre nicht aus. Sie müssen deshalb lernen, präziser zu assoziieren, nämlich so, wie die einzelnen Gegenstände auch tatsächlich aussehen. Sie können sich z. B. einen Sack als groben, grauen Kartoffelsack vorstellen im Unterschied zu einem Beutel, der sich vielleicht als ledernen Tabaksbeutel darstellen ließe.

Bitte überlegen Sie sich einmal zur Übung fünf ähnliche Begriffspaare (z. B. Tischdecke – Tischtuch; Bach – Fluss; Wald – Forst) und denken Sie darüber nach, wo zwischen diesen Begriffen der Unterschied besteht und wie dieser Unterschied in Ihrem Bild deutlich sichtbar werden kann. Nur so beginnen Sie, Verwechslungen zu vermeiden.

Ein weiterer Fehler besteht darin, dass Sie außer den eigentlichen Begriffen, die Sie behalten wollen, noch fremde Informationen mit in das Bild hineinbringen. Z. B. könnten Sie sich fälschlicherweise vorstellen: Ring – Kanne; ich nehme von einem Stuhl einen Ring und befestige diesen mit einer Zange und einem Hammer an der Kanne. Wenn Sie diese Assoziation später wieder abrufen, dann befinden sich in Ihrem Bild fünf Informationen, Ring, Stuhl, Zange, Hammer, Kanne. Im Moment werden Sie zwar aufgrund Ihres natürlichen Gedächtnisses (das ist das Gedächtnis, das Sie bis jetzt immer ohne Methode eingesetzt haben) wissen, dass Stuhl, Hammer und Zange nur Hilfsmittel waren, um Ihr Bild auszudrücken. Aber in zwei bis drei Tagen, wenn das natürliche Gedächtnis seine Information verloren hat, dann stehen Sie vor einem Bild mit fünf Begriffen und können nur noch raten. Deshalb also die Regel: Lassen Sie alle fremden Eindrücke aus Ihrem Bild heraus.

Außer diesen zwei beschriebenen typischen Fehlern gibt es noch einen weiteren, der aber nicht so häufig vorkommt. Z.B. bei der Kombination „Ring – Kanne“ wird oft gesagt: Ich stelle mir vor, dass der Ring in der Kanne ist. Bei diesem Bild handelt es sich um eine sog. Negativ-Assoziation, denn wenn Sie sich vorstellen, dass der Ring in der Kanne ist, dann sehen Sie ja nur die Kanne und nicht mehr den Ring und folglich können Sie auch nur noch raten, was Ihnen das Bild außer der Kanne noch mitteilen sollte. Deshalb achten Sie bitte darauf, dass Sie die beiden Wörter, die Sie behalten wollen, auch tatsächlich in Ihrem Bild sehen.

Bitte machen Sie jetzt die Übung 3.

Übung 3

Wortpaare, 40 Wörter – 5 Minuten

Album	–	Apfel	Kanne	–	Papier
Geld	–	Hügel	Karre	–	Farbe
Seil	–	Kaffee	Birne	–	Tisch
Gemüse	–	Dach	Kuss	–	Handtuch
Ente	–	Wecker	Zettel	–	Getränk
Sonne	–	Himmel	Blatt	–	Karton
Sicherung	–	Whisky	Kreide	–	Rakete
Kanone	–	Berg	Milch	–	Stuhl
Band	–	Pinsel	Auto	–	Bank
Katze	–	Kamm	Foto	–	Salat

E. Generalprobe

Sie haben sicher bemerkt, dass in Übung 3 noch einmal eine Reihe ähnlicher Begriffe zusammengestellt war. Wenn Sie aber hier meinen Rat befolgt haben, dann war diese Übung für Sie keine Schwierigkeit mehr.

Nun zu der letzten Übung in diesem Kapitel, mit der wir den Bereich der Grundübungen abschließen. Diesmal sollten Sie die Zeit von acht Minuten präzise einhalten. Wenn Sie nach Ablauf dieser acht Minuten von den 60 Wörtern mindestens 50 behalten haben, dann war dieses Kapitel für Sie ein großer Erfolg.

Bitte machen Sie jetzt die Übung 4.

Übung 4

Wortpaare, 60 Wörter – 8 Minuten

Bank	–	Beil	Förster	–	Küste
Handschuh	–	Zwerg	Bürgersteig	–	Geldbörse
Radiergummi	–	Leiter	Tresor	–	Tresor
Esel	–	Rasen	Fenster	–	Schild
Gatter	–	Blume	Polizist	–	Kopf
Zement	–	Eisen	Schuh	–	Gardine
Abendrot	–	Tante	Salz	–	Teilchen
Stoß	–	Badewanne	Tasche	–	Staub
Magen	–	Kaugummi	Kissen	–	Schwimmbecken
Bruder	–	Fahne			
Fußball	–	Messer	Plakat	–	Flasche
Boot	–	Zeppelin	Eimer	–	Teppich
Teller	–	Flagge	Lampe	–	Wolkenkratzer
Netz	–	Weg			
Spiel	–	Busen	Sturm	–	Strand
Wimpel	–	Tee	Nagel	–	Besen

Frageseite

1. Welche vier Lerntypen gibt es?
2. Wie behalten Sie Wortpaare?
3. Welche drei Möglichkeiten haben Sie, Bilder zu verknüpfen?
4. Nennen Sie die drei typischen Fehler beim Assoziieren.

Antwortseite

1. a) Abstrakt-verbal (nimmt formelhaft auf und hat dabei das größte Verständnis)
   b) Anschaulich (sieht Bilder, Modelle oder Filme)
   c) Haptisch (bindet sich gefühlsmäßig durch Riechen, Schmecken oder Fühlen)
   d) Praktisch (macht selbst Experimente)
   (Wenn falsche Antwort: Abschnitt A)
2. Ich verknüpfe Wortpaare in einem Bild.
   (Wenn falsch: Abschnitt B)
3. a) Nur sehen
   b) Emotionen an das Bild binden
   c) Selbst im Bild aktiv sein
   (Wenn falsch: Abschnitt C)
4. a) Ähnliche Begriffe werden leicht verwechselt.
   b) Es dürfen keine fremden Informationen ins Bild.
   c) Bauen Sie keine Negativ-Assoziation auf.
   (Wenn falsch: Abschnitt D)

Ideenliste

Die einzelnen Ideen sind immer in der Reihenfolge der entsprechenden Übungen des vorangegangenen Kapitels aufgelistet.

Übung 1

Ein Stück Papier schwimmt in der Suppe.
Ein Hase sitzt im Sand.
An einem Baum hängt eine Hose.
Mit der Bürste bürste ich den Mantel sauber.
Auf einem Schrank steht ein Modellschiff.

Übung 2

Ein Ring fällt in eine Kanne.
Eine Geige wird in den Sack eingepackt.
Ein Vogel sitzt auf einem Buch.
Ich wasche mir die Augen mit Wasser.
Mit einem Bleistift notiere ich etwas auf den Beutel.
Der Reifen rollt über einen Krug.
In meinem Heft liegt ein Knochen.
In einem Flugzeug wird Fleisch transportiert.
Ein Schaf hat auf dem Rücken eine Gitarre festgebunden.
Eine Schere steche ich in ein Stück Holz.

Übung 3

Ich male einen Apfel in ein Album.
Auf einem Hügel finde ich Geld.

Ein Stück Seil hängt in den Kaffee hinein.
Auf dem Dach wächst Gemüse.
Die Ente hat einen Wecker umhängen.
Die Sonne scheint vom Himmel.
Über eine elektrische Sicherung schütte ich Whisky.
Mit einer Kanone schieße ich gegen einen Berg.
Mit einem Pinsel bemale ich ein Band.
Ich kämme die Katze mit einem Kamm.
Ich stecke ein Stück Papier in eine Kanne.
Die Karre wird mit Farbe angestrichen.
Einige Birnen liegen auf dem Tisch.
Ich wische mir mit dem Handtuch einen Kuss weg.
Ein Zettel fällt mir in mein Getränk.
Ein verwelktes Blatt liegt auf einem Karton.
Mit Kreide male ich eine Rakete.
Ich verschütte Milch auf einen Stuhl.
Ein Auto fährt gegen eine Bank.
Ich mache ein Foto von einem preisgekrönten Salat.

Übung 4

Ich zerhacke die Bank mit einem Beil.
Ein Zwerg hat Handschuhe an.
Ein Radiergummi fällt eine Leiter hinunter.
Ein Esel zertrampelt mir den Rasen.
Eine schöne Blume ist auf ein Gatter gemalt.
Ein Stück Eisen steckt in einer Tüte Zement.
Die Tante geht im Abendrot spazieren.
Ein wasserscheuer Junge bekommt einen Stoß und fällt in die Badewanne.

Ich verderbe mir den Magen mit Kaugummi.
Mein Bruder schwenkt eine Fahne.
Ich zerschneide den Fußball mit einem Messer.
Ich sehe den Zeppelin von einem Boot aus.
Ich lege eine Flagge auf einen Teller.
Ich gehe einen Weg entlang und laufe gegen ein Netz.
Ein kleines Kind spielt mit dem Busen der Mutter.
Ich verschütte Tee auf einen dreieckigen Wimpel.
Der Förster geht an der Küste auf Jagd.
Ich finde auf dem Bürgersteig eine Geldbörse.
Ich sehe in einem Raum zweimal den gleichen Tresor.
In einem Fenster hängt ein Schild.
Ein Polizist hat sich am Kopf verletzt.
Hinter der Gardine stehen zwei Schuhe.
Auf ein süßes Teilchen streue ich Salz.
Ich wische Staub von meiner Tasche weg.
In einem Schwimmbecken schwimmt ein Kissen.
Auf einem Plakat ist eine wunderschöne Flasche zu sehen.
Ich stoße einen Eimer auf den Teppich um.
An einem Wolkenkratzer wird eine Lampe befestigt.
Am Strand vertreibt ein Sturm die Gäste.
Mit einem Nagel muss ich den zerbrochenen Besen zusammennageln.

2. Ein-Bein/Zwei-Bein, Reiserouten, Einkaufszettel, Bestell-Listen: Grundmuster im Gehirn – die drei Gedächtnisarten

Vorweg ein kleiner Test

Das visuelle Gedächtnis funktioniert verblüffend gut, nicht wahr? Bereits jetzt können Sie sich kaum noch vorstellen, wie schlecht Ihr normales Gedächtnis (Ihr bisheriges Gedächtnis) bei z. B. 40 Wörtern in fünf Minuten oder 60 Wörter in acht Minuten funktioniert hätte.

Würde ich Sie jetzt bitten, sich noch einmal 60 andere Begriffe in acht Minuten zu merken – aber ohne die Hilfe von Bildern –, dann wären Sie dazu nicht mehr in der Lage. Automatisch wird Ihr Gedächtnis ab jetzt Bilder zur Hilfe nehmen.

Es gibt aber eine Möglichkeit, doch noch einmal den Unterschied zwischen Ihrem normalen Gedächtnis und dem bildhaften Gedächtnis zu testen. Und das sollen Sie jetzt an der Übung „Ein-Bein/Zwei-Bein“ ausprobieren.

Bitte konzentrieren Sie sich und versuchen Sie sich den folgenden Text zu merken:

Ein Zwei-Bein sitzt auf einem Drei-Bein an einem Vier-Bein und isst ein Ein-Bein. Da kommt ein Vier-Bein, nimmt dem Zwei-Bein das Ein-Bein vom Vier-Bein. Da nimmt der Zwei-Bein das Drei-Bein, schlägt den Vier-Bein, damit er sein Ein-Bein wieder auf das Vier-Bein bekommt.

Ziemlich schwierig, nicht war? Vorausgesetzt, Sie kennen diese Übung noch nicht, wird es Ihnen nur sehr, sehr schwer gelingen, diese Informationen in der richtigen Reihenfolge aufzuspeichern.

Sobald Sie aber beginnen, diese Informationen in Bilder zu übertragen, dann wird es eine ganz einfache Sache.

Dazu folgende Erklärung: Der Zwei-Bein ist ein Mensch, das Drei-Bein ein Hocker. Der Mensch sitzt auf diesem Hocker, an einem Tisch, das ist das Vier-Bein. Auf dem Tisch ist ein Eisbein, das er isst. Darüber hinaus gibt es noch ein weiteres Vier-Bein, das ist der Hund.

Und so lautet der Text dann in Bilder übertragen, die Sie sich jetzt bitte vor dem geistigen Auge vorstellen:

Ein Mensch sitzt auf einem Hocker an einem Tisch und isst ein Eisbein. Da kommt ein Hund, nimmt dem Mensch das Eisbein vom Tisch. Da nimmt der Mensch den Hocker und schlägt nach dem Hund, damit er sein Eisbein wieder auf den Tisch bekommt.

Jetzt ist es Ihnen ein Leichtes, die Information abzurufen, Sie können sogar Varianten einbauen.

Rufen Sie bitte jetzt den Text einmal in der plastischen Form (also Mensch, Hocker, Tisch) ab.

Rufen Sie dann bitte abschließend den Text noch einmal in der abstrakten Formulierung ab, also: Ein Zwei-Bein sitzt auf einem Drei-Bein an einem Vier-Bein und isst ein … usw.

Fazit: Mit diesem Test erkennen Sie noch einmal deutlich den wirklich extremen Unterschied in der Leistungsfähigkeit zwischen dem visuellen Gedächtnis und dem abstrakten Gedächtnis.

A. Reiserouten

In diesem Kapitel sollen Sie mithilfe der bildhaften Assoziationstechnik Reiserouten, Bestell-Listen u. Ä. behalten (auch wenn Sie Ihr Satellitennavigationsprogramm GPS regelmäßig nutzen, ist es eine hervorragende Grundübung für das Aufspeichern von Texten aus Büchern und Zeitschriften, das wir in späteren Kapiteln noch trainieren werden). Dazu müssen wir allerdings die Technik, mit der Sie Wortpaare behalten haben, etwas erweitern. Bitte schauen Sie sich einmal das folgende Beispiel an:

Auto – Laterne – Fluss – Hut – Dach – Huhn – Busch

Diese Aufzählung von Wörtern ist eine sog. Wortreihe. Eine Wortreihe besteht immer aus mindestens drei Begriffen, bei der oft verlangt wird, dass Sie die Informationen in der richtigen Reihenfolge wiedergeben können. Damit Ihnen das gelingt, müssen Sie sich mit diesen Wörtern eine Geschichte ausdenken, die Sie dann als Film vor Ihrem geistigen Auge ablaufen lassen. Bitte stellen Sie sich einmal die folgende Geschichte vor, die ich Ihnen zu dieser Wortreihe erzählen möchte:

Sehen Sie sich, wie Sie in ein Auto steigen und damit losfahren. Dabei fahren Sie prompt gegen eine Laterne. Diese Laterne kippt um in einen Fluss. In dem Fluss schwimmt zufällig ein alter Hut. Dieser wird dadurch herausgeschleudert und fällt auf ein Dach. Auf dem Dach sitzt gerade ein Huhn, das erschreckt sich und flattert gackernd in den nächsten Busch.

Wenn Sie sich diese Geschichte tatsächlich bildlich vorgestellt haben, dann haben Sie diese Wortreihe bereits im Gedächtnis – und das nicht nur vorwärts, sondern auch rückwärts. Denn Sie können jede Geschichte auch rückwärts vor

Ihrem geistigen Auge abspielen lassen, obwohl Sie sie sich vorwärts vorgestellt haben. Bitte geben Sie jetzt die Wortreihe mithilfe Ihrer Bildfolge vor- und rückwärts wieder.

Anmerkung: Wenn das abstrakte Gedächtnis Informationen in der Reihenfolge vorwärts abspeichert, dann können Sie diese Informationen auch nur vorwärts abrufen und niemals rückwärts. Beweis: Sie haben das Alphabet vorwärts gelernt: A, B, C, D ... Versuchen Sie es einmal rückwärts abzurufen: Z, Y, X ... Es klappt nicht!

Nun zu unserer Reiseroute. Wenn Sie eine bestimmte unbekannte Strecke durch eine Stadt oder von einer Stadt zur anderen fahren, dann versuchen Sie sich normalerweise (falls Ihnen kein GPS hilft) den Weg zu merken, damit Sie ohne Schwierigkeiten wieder zurückfinden. Dabei orientieren Sie sich natürlich nicht an irgendwelchen Bäumen oder Ampeln, sondern an markanten Punkten, z.B. an einer Brücke, an einem Rathaus oder zumindest an einem/r sehr auffälligen Baum bzw. Ampel.

Würden Sie so wie in unserem Beispiel diese markanten Punkte als Reihe verknüpfen, hätten Sie bereits den Weg im Gedächtnis – und das sowohl vorwärts als auch rückwärts. Das kommt Ihnen sehr gelegen, denn Sie wollen ja diese neue Route wieder zurückfinden, also rückwärts abrufen.

Aber nicht nur, wenn Sie eine unbekannte Strecke fahren, bauen Sie eine Wortreihe auf, sondern auch dann, wenn Ihnen ein Weg erklärt wird. Achten Sie dabei aber darauf, dass man Ihnen markante Punkte nennt, denn eine Beschreibung wie „dritte Straße rechts, vierte Ampel links" usw. ist viel zu kompliziert und meistens auch zu ungenau.

In Übung 5 stehen 25 markante Punkte einer Reiseroute, die nach Ihrer eigenen Wahl durch die Stadt oder über Land gehen kann. Sie sollen nun die Wörter in einer Bilderkette verknüpfen. Dazu haben Sie verschiedene Möglichkeiten:

Nehmen wir an, auf Ihrer Route kommen Sie als Erstes an einem Rathaus vorbei. Stellen Sie sich bitte vor, wie Sie aus einem Fenster dieses Rathauses herausschauen. Als Nächstes führt Ihr Weg Sie über eine Brücke. Stellen Sie sich vor, wie diese Brücke durch das Rathaus hindurchgeht, an dem Sie vorher vorbeikamen. Wieder etwas später müssen Sie über einen Platz. Stellen Sie sich nun vor, wie die Brücke auf diesen Platz führt. Noch später fahren Sie an einem Denkmal vorbei. Jetzt müssen Sie ein Bild sehen, wie dieses Denkmal auf dem Platz steht, über den Sie vorher fuhren.

Diese Art der Verknüpfung nennt sich Zweier-Verknüpfung, weil sie immer zwei markante Punkte zusammen in einem Bild unterbringt. Sie können diese Strecke aber auch durch ein fließendes Bild festhalten. Z.B. stellen Sie sich weiter vor: Das Denkmal versperrt Ihnen die Auffahrt, die in die Unterführung hineinführt. Diese geht durch einen langen Berg, am Ende des Berges müssen Sie an einer Bahnschranke halten. Darüber blinkt eine Ampel. Oder Sie sehen das Ganze aus der Vogelperspektive: Unter Ihnen blinkt die Ampel, dahinter erstreckt sich ein schöner Wald, in dessen Mitte ein Fernsehturm herausragt usw.

Sie haben also verschiedene Möglichkeiten, eine solche Strecke assoziativ festzuhalten. Nur eins dürfen Sie nicht tun: nämlich sich vorstellen, wie Sie einfach nur an den einzelnen Punkten vorbeifahren. Wenn Sie das tun, dann sind die einzelnen Punkte nicht verknüpft, denn zur Verknüpfung gehört, dass die einzelnen Punkte wie Denkmal, Auffahrt, Unterführung etc. räumlich dicht beieinander stehen.

Das ist der Grund, warum das Denkmal auf der Auffahrt steht, warum die Auffahrt in die Unterführung hineingeht usw. Auf Ihrer tatsächlichen Reiseroute liegen diese Merkmale zwar weit auseinander, aber Ihr bildhaftes Gedächtnis muss sie eng miteinander verknüpfen.

Bitte verknüpfen Sie jetzt die Punkte der Übung 5 nach Ihren eigenen Vorstellungen und rufen Sie die einzelnen Punkte aus Ihrem Gedächtnis vor- und rückwärts ab.

Übung 5

Reiseroute, 25 markante Punkte vor- und rückwärts abrufen

Rathaus – Brücke – Platz – Denkmal – Auffahrt – Unterführung – Berg – Bahnschranke – Ampel – Wald – Fernsehturm – Flughafen – Baugelände – Rennbahn – Burg – Hochhaus – Polizeihauptwache – Jahrmarkt – Teich – Wiese – Eiche – See – Friedhof – Bahnhof – Kirche

B. Bestell-Listen und Einkaufszettel

Unter Bestell-Listen verstehe ich eine Reihe von Dingen, die Sie besorgen möchten, z. B. ein Flugticket, Obst, Briefmarken, eine DVD usw. Ein Einkaufszettel ist eine spezielle Form einer solchen Bestell-Liste, nämlich enthält er Dinge, die für den Haushalt nötig sind, also überwiegend Lebensmittel. Ich möchte Ihnen in diesem Abschnitt die Assoziationstechnik für einen Einkaufszettel als den Spezialfall einer Bestell-Liste erklären. Für beide Fälle (Einkaufszettel und Bestell-Liste) gilt natürlich die gleiche Technik!

Bitte schauen Sie sich einmal Übung 6 an. Dort stehen 20 Besorgungen in ziemlich willkürlicher Reihenfolge niedergeschrieben. Wenn Sie diese Wortreihe in der vorgegebenen Reihenfolge speichern wollen, dann müssen Sie aus diesen Wörtern wieder eine Geschichte bilden. Aber in dieser Art würde man niemals einen Einkaufszettel zusammenstellen, geschweige denn ins Gedächtnis aufnehmen. Besser wäre es, all das, was man einkaufen will, nach Gruppen zu sortieren. Diese Gruppen können verschiedener Art sein: nach der Art, wie sie in den Geschäften und Läden zu finden sind, z. B. Brot, Kuchen, Schokolade beim Bäcker; Fisch, Wurst, Gans beim Fleischer usw. Oder man sortiert nach den einzelnen Fächern und Schränken in der Küche. Möglichkeiten, in Gruppen zu ordnen, gibt es also genug. Warum aber sortiert man nach Gruppen? Diese Frage ist schnell und einfach beantwortet: Gruppen sind bereits bestehende Assoziationen, die Sie aus Ihrer Erfahrung heraus nur noch einmal reproduzieren. Das ist immer etwas leichter, als wenn Sie mit der Fantasie ein völlig neues Bild aufbauen.

Bitte ordnen Sie den Einkaufszettel erst einmal schriftlich in mehrere Gruppen. Anschließend brauchen Sie sich diese nur noch in Kartons, in Fächern oder in Körben vorzustellen.

Beispiel: In einem Korb liegen Wurst, Fisch, Gans und Fleischsalat zusammen. Anschließend prüfen Sie, ob Sie die einzelnen Gruppen aus dem Gedächtnis heraus niederschreiben können.

Übung 6 – 3 Minuten

Einkaufszettel, 20 Dinge nach Gruppen ordnen und assoziieren (Die Zeitvorgabe gilt nur für das Vorstellen.)

Wurst – Brot – Salat – Eier – Margarine – Gewürze – Äpfel – Zwiebeln – Schokoladentafeln – Kuchen – Fleischsalat – Haferflocken – Zigaretten – Kartoffeln – Tabletten – Zwieback – Knöpfe – Nüsse – Gans – Fisch

Wenn Sie mit Einkaufszetteln Erfahrung gewonnen haben, dann stellen Sie doch einmal eine Bestell-Liste zusammen und assoziieren Sie sie nach Gruppen. Sie werden sehen, es klappt ausgezeichnet.

Zum Schluss noch eine kleine Anmerkung: Wenn Sie wirklich einmal eine Reihe von Besorgungen in der richtigen Reihenfolge behalten müssen, dann lesen Sie bitte im dritten Kapitel den Abschnitt „Terminabläufe". Dort wird erklärt, wie Sie Besorgungen in einer streng vorgegebenen Reihenfolge speichern.

C. Grundmuster im Gehirn

Jeder normal entwickelte Mensch besitzt 25 bis 40 Milliarden Gehirnzellen. Diese Gehirnzellen können natürlich nur dann ein vollständig funktionsfähiges Gehirn bilden, wenn sie untereinander in Verbindung stehen und Informationen einander weitergeben können. Der Biologe nennt so etwas die

Vernetzung der Gehirnzellen. Wie das Gehirn letztlich arbeitet, hängt davon ab, welche Gehirnzelle mit welcher in Verbindung steht. Deshalb ist das Gehirn eines Neugeborenen noch sehr unvollkommen vernetzt. Erst wenn das Kind Umwelteindrücke aufnimmt, wenn es also lernt, verbinden sich die einzelnen Gehirnzellen nach und nach miteinander. Nur so erreicht der Mensch die größtmögliche Chance, mit seiner Umwelt zurechtzukommen, denn sein Gehirn vernetzt sich so, wie er es im Kampf um das Dasein später braucht, wenn er auf sich allein gestellt ist. Man könnte auch sagen: „Seine Hardware stellt sich auf die Umwelt ein, Eindrücke aus der Umwelt schlagen sich in direkten anatomischen Veränderungen nieder." Also wird sich auch das Gehirn bei verschiedenen Umwelten verschieden vernetzen. Nach etwa drei Monaten (von der Geburt an gezählt) ist bereits der größte Teil (ca. 85 Prozent) der Gehirnzellen verknüpft, nach etwa drei Jahren ist dieser Vorgang so gut wie vollständig abgeschlossen.

Wenn ein Lehrer und ein Schüler in einer sehr unterschiedlichen Umwelt aufgewachsen sind, dann finden wir natürlich auch eine unterschiedliche Vernetzung der beiden Gehirnzellenkonstrukte vor. Der Biologe spricht davon, dass beide ein stark voneinander verschiedenes Grundmuster des Gehirns besitzen. Ist dies der Fall, dann kann es dazu kommen, dass Lehrer und Schüler aneinander vorbeireden. Sie können sich noch so umeinander bemühen, der Schüler wird dennoch schlechte Leistungen aufweisen, einfach deshalb, weil beide auf verschiedenen „Wellenlängen" denken und begreifen.

D. Die drei Gedächtnisarten

Das Gedächtnis wird in drei Arten unterteilt:

- Ultrakurzzeitgedächtnis: Abkürzung UKZG, elektrisch
- Kurzzeitgedächtnis: Abkürzung KZG, chemisch
- Langzeitgedächtnis: Abkürzung LZG, chemisch

Diese drei Typen sind in ihrer Funktion hintereinander geschaltet, d.h., jede Information, die der Mensch aufnimmt, gelangt zuerst einmal in das UKZG. Nun kann es sein, dass diese Information nicht so sehr wichtig war und deshalb nach wenigen Sekunden wieder aus dem Gedächtnis verschwindet. Wenn das passiert, dann ist diese Information nie über das UKZG hinausgekommen. Nur dann, wenn eine Information aufgrund ihrer Wichtigkeit länger als 20 Sekunden (nach Vester) erhalten bleibt, dann wird sie weiter in das KZG transportiert. Hier ist ebenfalls die Aufbewahrungszeit begrenzt, und zwar auf max. 20 Minuten. Wenn nämlich eine Information im KZG länger als 20 Minuten aufrechterhalten bleibt, dann wird sie ins LZG weitergeschickt. War die Information aufgrund ihrer geringen Wichtigkeit oder Einprägsamkeit nur z.B. 15 Minuten im KZG, dann verschwindet sie, ohne je ins LZG gelangt zu sein. Das LZG ist nun das endgültige Gedächtnis, aus dem der Mensch all die Daten, Vokabeln oder z.B. Namen abruft, die bereits 20 Minuten (KZG) und 20 Sekunden (UKZG) zuvor aufgenommen wurden.

Natürlich können auch diese Informationen vergessen werden, vielleicht nach 30 Minuten oder fünf Stunden oder zehn Tagen oder sogar erst nach Jahren. Denn auch das LZG bietet keine Dauergarantie. Das hängt nämlich nur davon ab, wie oft Sie die Informationen gebrauchen und damit gleichzeitig wiederholen und wie einprägsam die Information gewesen ist. Und da sind wir auch bei unserer Methode angelangt. Durch die Assoziationstechnik ändern wir abstrakte und wenig einprägsame Fakten in anschauliche und einprägsame ab, wodurch der Reiz im Gedächtnis sehr stark wird und Sie diese Informationen erstaunlich lange behalten können.

Für die ganz Interessierten sei noch kurz erwähnt, dass das UKZG aus elektrischen Schaltkreisen besteht, das KZG aus Ribonukleinsäure-Ketten und das LZG aus Eiweißmolekülen.

Frageseite

1. Wie behalten Sie Reiserouten?
2. Welche spezielle Technik benutzen Sie bei Einkaufszetteln?
3. Was kann passieren, wenn Lehrer und Schüler ein unterschiedliches Grundmuster besitzen?
4. Welche drei Arten von Gedächtnis gibt es?

Antwortseite

1. Sie verknüpfen die markanten Punkte einer Reiseroute in der Reihenfolge, wie Sie an ihnen vorbeifahren. Dadurch haben Sie die markanten Punkte sowohl vorwärts als auch rückwärts in der richtigen Reihenfolge im Gedächtnis. (Wenn falsch: Abschnitt A)
2. Einkaufszettel und Bestell-Listen sortieren Sie nach Gruppen. Diese Einteilung ist natürlich subjektiv und besteht deshalb automatisch aus bereits vorgeprägten Assoziationen, die sich in Ihrer Erfahrung festgesetzt haben. (Wenn falsch: Abschnitt B)
3. Beide können aneinander vorbeireden und haben damit Mühe, sich gegenseitig Informationen und Wissen verständlich zu vermitteln. (Wenn falsch: Abschnitt C)
4. Das Ultrakurzzeitgedächtnis (UKZG); das Kurzzeitgedächtnis (KZG); das Langzeitgedächtnis (LZG). (Wenn falsch: Abschnitt D)

Ideenliste

Übung 5

Wir beginnen wieder mit dem Fernsehturm: Vom Fernsehturm aus sehen Sie einen Flughafen. Ein Teil des Flughafens wird noch gebaut, das ist das Baugelände, in der Nähe hören Sie Motorengeräusch, und als Sie hinschauen, sehen Sie dort eine Rennbahn. Die Rennbahn geht durch die alte Burg hindurch. Hinter der Burg ragt ein Hochhaus empor. In diesem Hochhaus ist eine Polizeihauptwache untergebracht. Sie sehen, wie einige Polizisten ausrücken, hinüber zum Jahrmarkt. Dort ist jemand in den Teich gefallen, er wird auf eine Wiese unter eine Eiche gelegt. Wenn Sie auf die Eiche klettern, können Sie in weiter Ferne einen See sehen, in der Nähe liegt ein schöner Friedhof, vor dem Friedhof ist ein Bahnhof und Züge fahren von dort aus an einer Kirche vorbei.

Übung 6

Folgende Gruppen können Sie aufbauen: Ich sehe in einem Korb Wurst, Fleischsalat, eine Gans und Fisch. In einem anderen Korb sehe ich Brot, Eier, Margarine, Schokoladentafeln, Kuchen, Haferflocken und Zwieback. In einer großen Tüte habe ich Salat, Gewürze, Äpfel, Zwiebeln, Kartoffeln und Nüsse. In einer Schachtel liegen Zigaretten, Tabletten und Knöpfe.

3. Terminabläufe, Stundentermine – der große Streit: Anlage oder Umwelt?

A. Terminabläufe

So etwas kann Ihnen passieren: Ihr Chef ruft Sie morgens ins Büro und nennt Ihnen zwölf Dinge, die Sie im Laufe des Tages erledigen müssen, z. B., den Firmenwagen aus der Werkstatt holen, zum Flughafen fahren, dort den Geschäftsfreund abholen usw. Nicht nur, dass Sie diese Termine und Erledigungen im Kopf behalten müssen, Sie müssen darüber hinaus auch in der Lage sein, die richtige Reihenfolge abzurufen.

Das klingt schwierig, ist es aber nicht, wenn Sie wieder die Assoziationstechnik anwenden. Bitte schauen Sie sich einmal die zwölf Termine in Übung 7 an. Wenn Sie diese Termine im Laufe des Tages erledigen, dann sind Sie abends ohne Schwierigkeiten in der Lage, sich an den Tagesablauf genau zu erinnern. Warum das so ist, ist Ihnen klar, weil Sie als praktischer Lerntyp selbst hochaktiv gewesen sind. Und das werden wir für unser Gedächtnis nutzen. Es spielt nämlich für Ihr Gedächtnis keine große Rolle, ob Sie etwas wirklich tun oder ob Sie sich nur vorstellen, wie Sie etwas tun. In beiden Fällen leistet Ihr Gedächtnis ungefähr das Gleiche. Also stellen Sie sich bitte intensiv vor, wie Sie die einzelnen Termine wahrnehmen. Versuchen Sie sich darüber hinaus auch in einigen Fällen gefühlsmäßig zu binden, denn Sie wissen ja, dass Bilder besser im Gedächtnis bleiben, wenn sie Sie angenehm oder auch unangenehm berühren.

Beispielsweise stellen Sie sich vor, wie Sie zum Wagen hetzen, ihn aus der Werkstatt fahren, am Flugplatz verzweifelt einen Parkplatz suchen, beinahe den Geschäftsfreund nicht finden usw. Wenn Sie solche Bilder aufbauen, dann bereitet Ihnen Ihr Gedächtnis keine Schwierigkeiten mehr.

Bitte machen Sie jetzt die Übung 7.

Übung 7

Einmal vorlesen lassen und anschließend aus dem Gedächtnis in Stichwörtern niederschreiben.

/Firmenwagen aus der Werkstatt holen/zum Flughafen fahren, den Geschäftsfreund abholen/mit ihm in die Firma, dort Besprechung/anschließend essen/dann mit ihm zu der Tochterfirma, Maschinen besichtigen/Geschäftsfreund im Hotel unterbringen/ allein zur Buchhandlung/vier Bücher abholen/zum Zahnarzt und neuen Termin machen/anschließend tanken/Geschäftsfreund wieder abholen, ihm die Stadt zeigen/

Anmerkung: Es befindet sich in dieser Übung immer ein Termin zwischen zwei Strichen, um Ihnen die anschließende Kontrolle zu erleichtern. Die einzelnen Termine brauchen nur sinngemäß und nicht wortwörtlich wiedergegeben zu werden.

B. Stundentermine

Wenn Sie den Ehrgeiz haben, sich unabhängig von Ihrem Terminkalender merken zu wollen, um wie viel Uhr Sie einen Termin haben, dann kommen Sie mit der Technik aus Übung 7 nicht weiter. Denn Sie brauchen dann ein System, mit dem Sie Stunden (also Zahlen) in Bilder umwandeln können. Dieses System kann folgendermaßen aussehen:

Für die 1 nehmen wir einen Bleistift, weil dieser eine ähnliche Form hat. Das Gleiche gilt für den Schwan, er hat eine ähnliche Form wie die 2. Für die 3 steht ein dreiblättriges Kleeblatt (die Zahl und die Form der Blätter), für die 4 ein Stuhl mit vier Beinen. Die 5 wird durch eine Hand (fünf Finger) dargestellt, die 6 ist ein Elefant, der seinen Rüssel nach unten hin eingerollt hat.

Für die 7 steht eine Fahne, weil sie von der Form her der 7 ähnelt. Das Gleiche gilt für die 8, für die ich das Symbol einer Eieruhr ausgewählt habe.

Die 9 sieht ähnlich wie eine Trillerpfeife aus und für die 10 steht ein Billardstock (als Ziffer 1) mit einer Kugel (für die 0). Die letzten beiden Zahlen sind auch schnell erklärt, denn die 11 wird durch zwei Skier dargestellt und die 12 durch ein Gespenst (Geisterstunde).

Sie haben schon gemerkt, dass sich die Symbole zu diesen Zahlen sehr schnell und einfach einprägen, da sie immer auf irgendeine Weise mit den Zahlen selbst verwandt sind. Und damit haben Sie auch schon Bilder für die Stundeneinteilung eines ganzen Tages.

Unsere Zahlensymbole

0 – Seifenblase
1 – Bleistift
2 – Schwan
3 – Kleeblatt
4 – Stuhl
5 – Hand
6 – Elefant
7 – Fahne
8 – Eieruhr
9 – Trillerpfeife
10 – Billardstock mit Kugel
11 – zwei Skier
12 – Gespenst

Nehmen wir an, Sie müssten um neun Uhr die Post erledigen. Jetzt verknüpfen Sie einfach das Symbol für 9 mit Ihrer Post. Stellen Sie sich vor, wie Sie auf der Trillerpfeife pfeifen und wie sich die Post von selbst erledigt. Oder um ein Uhr müssen Sie im Zweigwerk Auszubildende einweisen. Hier brauchen Sie sich lediglich vorzustellen, wie Sie die Anweisungen für die Auszubildenden mit einem Bleistift notieren usw.

Bitte stellen Sie sich jetzt in dieser Art die Termine in Übung 8 vor. Sie werden sehen, es funktioniert sehr gut.

Übung 8

Stundentermine

9 Uhr –	Post erledigen
10 Uhr –	Anzeige in der Zeitung aufgeben
11 Uhr –	Besprechung beim Chef
12 Uhr –	Kollegen vertreten, der Mittag macht
1 Uhr –	Im Zweigwerk Auszubildende einweisen
2 Uhr –	Absprache mit den Lagerleitern
3 Uhr –	Fahrer für den nächsten Tag einteilen
4 Uhr –	Herrn Müller anrufen

Anmerkung: Wenn Sie Schwierigkeiten haben, sich Herrn Müller vorzustellen, dann greifen Sie einfach bildlich auf den Beruf des Müllers zurück.

C. Der große Streit: Anlage oder Umwelt?

Wie kommen Sie zu Ihrer Intelligenz, Ihrer Persönlichkeit oder Ihrem Charakter? Das ist leicht zu beantworten, werden Sie vielleicht sagen: Die Intelligenz habe ich vererbt bekommen, meine Persönlichkeit und mein Charakter haben sich durch Erlebnisse und Erfahrungen nach und nach geprägt.

Aber so einfach scheint es nun doch nicht zu sein. Denn bis zum heutigen Tage herrscht unter Natur- und Geisteswissenschaftlern immer noch ein erbitterter Streit, woher das, was den Menschen als fühlendes und denkendes Wesen ausmacht, kommt.

In früheren Zeiten nahmen Philosophen an, dass der Mensch aus angeborenen Ideen besteht, die nur noch aktiviert werden müssten. Im 17. Jahrhundert haben dann Leute wie Hobbes diese Anschauung umgedreht, indem sie die Meinung vertraten, das Gehirn des Menschen sei bei der Geburt wie eine leere Tafel (Tabula rasa), die erst noch beschrieben werden müsse.

Hinter all diesen Anschauungen standen natürlich noch keine wissenschaftlichen Untersuchungen. Erst mit Beginn des 20. Jahrhunderts wurden solche nach und nach an ein- und zweieiigen Zwillingen durchgeführt, um zu gesicherten Erkenntnissen zu gelangen. So versuchte man beispielsweise festzustellen, wie sehr sich Zwillinge auseinander entwickeln, wenn sie getrennt aufwachsen, im Unterschied zu solchen, die in der gleichen Familie zusammenblieben. Die hauptsächlichen Untersuchungen bezogen sich dabei auf die Intelligenz dieser Zwillinge. Heute ist man aufgrund solcher Untersuchungen der Meinung, dass sich Anlage und Umwelt jeweils zu 50 Prozent an der geistigen Entwicklung eines Menschen beteiligen. Also ist es durchaus sinnvoll, geistige Fähigkeiten zu üben und zu trainieren, denn inzwischen ist eines sicher: Das Gedächtnis, die Konzentration, Kreativität, Intelligenz, Persönlichkeit und das Verhalten lassen sich in einem gewissen Rahmen schulen, auch wenn Sie von manchen Menschen heute noch das Gegenteil hören.

Frageseite

1. Wie behalten Sie Terminabläufe, bei denen es zwar nicht auf die Stundenzeit ankommt, aber auf die genaue Reihenfolge?
2. Durch welches Hilfsmittel können Sie Stunden in Bilder umsetzen?
3. Wodurch sind Gedächtnis, Konzentration, Kreativität, Intelligenz, Persönlichkeit und Verhalten bestimmt und lassen sie sich trainieren?

Antwortseite

1. Sie versetzen sich so bildhaft und gefühlsmäßig in den Terminablauf, als würden Sie die einzelnen Termine bereits wahrnehmen.
   (Wenn falsch: Abschnitt A)
2. Stunden werden einfach durch die Zahlen 1, 2, 3 usw. ausgedrückt. Für diese Zahlen werden dann Symbole gesucht, die irgendwie mit der Zahl assoziiert werden können, damit Sie mit ihnen ohne Schwierigkeiten spontan umgehen können.
   (Wenn falsch: Abschnitt B)
3. Fähigkeiten wie eine gute Gedächtnisleistung usw. werden sowohl durch die Anlage als auch durch die Umwelt bestimmt (etwa 50 Prozent zu 50 Prozent) und lassen sich zum Teil sogar erstaunlich gut trainieren.
   (Wenn falsch: Abschnitt C)

Ideenliste

Übung 7

Terminablauf

Sie hetzen zur Werkstatt, holen dort den Firmenwagen, fahren damit zum Flughafen, suchen dort verzweifelt einen Parkplatz, verpassen fast den Geschäftsfreund, fahren mit ihm zur Firma, besprechen dort in aller Ruhe einiges, anschließend knurrt Ihnen der Magen. Sie gehen essen, dann zeigen Sie dem Geschäftsfreund in der Tochterfirma stolz einige Maschinen, danach bringen Sie ihn in einem Ihnen bekannten Hotel unter, fahren dann schnell hinüber zu einer Buchhandlung, die Sie kennen, halten in jeder Hand zwei Bücher, während Sie das Geschäft verlassen, gehen zu Ihrem Zahnarzt und notieren auf einem Zettel einen neuen Termin, dann tanken Sie an der Firmentankstelle und holen den Geschäftsfreund wieder aus dem Hotel ab, um ihm die Stadt zu zeigen.

(Sie haben gesehen, dass ich größtenteils Emotionen mit in das Bild hineingebracht habe.)

Übung 8

Terminkalender

Sie pfeifen auf der Trillerpfeife und die Post erledigt sich wie von selbst.

Sie geben eine Anzeige auf, mit der Sie einen Freund für eine Billardpartie suchen.

Im Besprechungszimmer Ihres Chefs stehen in der Ecke zwei Skier.

In dem Zimmer, wo Sie Ihren Kollegen vertreten, sehen Sie plötzlich ein Gespenst.

Während Sie die Lehrlinge einweisen, notieren Sie alles mit dem Bleistift.

Sie sprechen mit den Lagerleitern eine Lieferung von Schwänen ab. Während Sie die Fahrer für den nächsten Tag einteilen, malen Sie gelangweilt Kleeblätter auf Ihr Blatt Papier.

Herr Müller sitzt auf einem Stuhl, als Sie ihn anrufen.

(Natürlich entsprechen diese Bilder nicht der Realität, aber trotz allem werden Sie die richtigen Termine wieder abrufen können, und zwar leichter, als wenn Sie das natürliche Gedächtnis einsetzen würden.)

4. Vorträge aus dem Gedächtnis halten

Vorträge

Wer kennt nicht die Redner, die sich bei einem Vortrag fest an ihr Konzeptpapier klammern, dabei vielleicht sogar den Kopf gesenkt halten, da sie ja leider das Referat, das sie halten wollen, ablesen. „Diesen Vortrag hätte er auch gedruckt verteilen können und wir hätten ihn dann zu Hause gemütlich im Sessel lesen können“, ist dann oft das Urteil der Zuhörer. Vorträge sollten also frei gehalten werden, nach Möglichkeit aus dem Gedächtnis heraus. Aber das ist leichter gesagt als getan, und wer hätte keine Angst, in einem solchen Falle stecken zu bleiben?

Wenn Sie jedoch die folgende Vortragstechnik anwenden, dann werden Reden für Sie bald kein Problem mehr sein, weil Sie mit dieser Technik Vorträge halten können, die bis zu 90 Minuten lang sind, ohne dass die Gefahr besteht, stecken zu bleiben. Das mag zwar im ersten Moment übertrieben klingen, ist es aber nicht im Geringsten.

Nehmen wir einmal an, Sie wollten einen Vortrag „über die Behörden in der heutigen Zeit" halten. Zu diesem Vortrag haben Sie bereits zwölf Unterpunkte erarbeitet, z. B.:

1. Finanzen der Behörden
2. Gebäude der Behörden usw.

Diese zwölf Unterthemen habe ich in Übung 9 niedergeschrieben. In der dortigen Form ergibt sich für diese Unterthemen automatisch eine Nummerierung von 1 bis 12. Wenn Sie nun die Symbole 1 = Bleistift, 2 = Schwan … für die Zahlen von 1 bis 12 in den einzelnen Untertiteln verknüpfen, dann sind Sie in der Lage, diese Unterthemen lückenlos abzurufen.

Z. B. stellen Sie sich bei „Finanzen der Behörden" vor, wie Sie mit einem Rotstift (1) den Etat kürzen, oder Sie stellen sich bei „Gebäude der Behörden" vor, wie darauf ein schöner Schwan (2) gemalt ist, usw. Nachdem auf diese Art und Weise alle Untertitel verknüpft sind, stellen Sie sich vor den Spiegel und beginnen laut, die einzelnen Punkte aufzurufen. Damit daraus auch ein richtiger Vortrag wird, sagen Sie aus dem Stegreif heraus zu jedem Punkt das, was Sie dazu wissen. Auf diese Art und Weise wird nach einigem Üben ein schöner und flüssiger Vortrag entstehen.

Bitte machen Sie jetzt die Übung 9.

Übung 9

Vortragstechnik

Sie halten den folgenden Vortrag mit dem Titel „Die Behörden in der heutigen Zeit".

1. Die Finanzen der Behörden
2. Die Gebäude der Behörden
3. Die Chefs der Behörden
4. Das Personal der Behörden
5. Die Dienstleistungen der Behörden
6. Die Kunden der Behörden
7. Ärger mit den Behörden
8. Die Beschwerdestellen der Behörden
9. Das Image der Behörden
10. Das Fortbildungsprogramm der Behörden
11. Der Führungsstil der Behörden
12. Die Zukunft der Behörden

Wenn Sie der Meinung sind, dass Sie nicht zu jedem Punkt genügend Wissen für einen Vortrag haben, dann gehen Sie in unserer Technik einfach einen Schritt weiter. Bringen Sie in die einzelnen Bilder noch die Informationen mit hinein, die Ihrer Meinung nach wichtig sind und die Sie auf keinen Fall in Ihrem Vortrag missen möchten. Beispielsweise wollen Sie bei den Finanzen der Behörden darauf zu sprechen kommen, dass nicht weiter gespart werden kann. Dann stellen Sie sich doch einfach in Ihrem Bild vor, wie Sie den Rotstift zerbrechen, der überall angesetzt wird. Auf diese Art und Weise speichern Sie all das in Ihren Bildern, was Ihrer Meinung nach wichtig und erwähnenswert ist. Und was in Ihren Bildern nicht festgehalten ist, das wissen Sie sowieso, denn schließlich sind Sie ja Fachmann auf dem Gebiet, auf dem Sie einen Vortrag halten.

Frageseite

Wie behalten Sie Vorträge?

Antwortseite

Die Unterthemen eines Vortrages verknüpfen Sie mit den einzelnen Symbolen für die Ziffern von 1 bis 12. Zusätzliche Informationen nehmen Sie mit in diese Bilder auf. Über die Grundkenntnisse verfügen Sie ohnehin, da Sie ja schließlich Fachmann auf diesem Gebiet sind.

Ideenliste

Übung 9

Vortragstechnik

Ich kürze mit dem Rotstift die Finanzen der Behörden.

Auf die Gebäude der Behörden ist ein schöner Schwan gemalt.

Die Chefs der Behörden halten ein Kleeblatt als Statussymbol in der Hand.

Das Personal der Behörde sitzt auf Stühlen.

Ich halte in meiner Hand das Dienstleistungsangebot der Behörde.

Die Kunden der Behörde sitzen auf einem Elefanten.

Vor lauter Ärger winken alle mit der Fahne ab.

Die Öffnungszeiten der Beschwerdestelle werden mit der Eieruhr angezeigt.

Bei Imagekampagnen geht es hoch her, mit Trillerpfeifen verschafft man sich Gehör.

Während des Fortbildungsprogramms der Behörde wird auch Billard gespielt.

Einer fährt mit den Skiern voran, die anderen in der Spur hinterher.

Die Zukunft der Behörden kann ein guter oder böser Geist sein.

5. Konferenztexte, Gespräche, Telefonate und Diskussionen – die geistige Entwicklung eines Menschen

A. Konferenztexte und Gespräche

Wenn Sie in einer Konferenz sitzen, dann strömen innerhalb von einigen Stunden sehr viele verschiedene Fakten auf Sie ein. Natürlich können Sie diese Daten und Fakten mitschreiben, aber es ergibt sich oft das Problem, dass Sie später nach dem Inhalt einer solchen Konferenz gefragt werden, ohne dass Sie Ihr Konzeptpapier dabeihaben. Gut wäre es, wenn Sie dann zumindest den groben Inhalt solcher Konferenzen im Gedächtnis hätten, um auf wichtige Fragen antworten zu können.

Die Assoziationstechnik dazu ist ähnlich wie bei unserem Terminablauf. Sie müssen versuchen, sich die wichtigsten Punkte sinngemäß vorzustellen, damit sie von Ihrem Gedächtnis aufgenommen werden können. Dazu finden Sie in Übung 10 ein Beispiel für eine solche Konferenz. Bitte lesen Sie sich den Text einmal langsam durch und stellen Sie sich möglichst plastisch den Inhalt vor. Dabei können Sie sich entweder in den Redner oder in einen Zuhörer hineinversetzen. Wenn dann z. B. gesagt wird, dass die Krankmeldungen zurückgegangen sind, können Sie sich einen großen Stapel Krankenscheine vorstellen (vom letzten Monat) und daneben einen kleinen (dieser Monat). Oder bei der Einweihung der Filiale sehen Sie einfach ein Gebäude mit Girlanden behangen usw.

Bei der Probe später spielt die Reihenfolge der abgerufenen Fakten keine Rolle. Es steht wieder je eine Information zwischen zwei Strichen, um die Kontrolle zu erleichtern.

Bitte machen Sie jetzt die Übung 10.

Übung 10

Konferenz: einmal lesen und in Stichwörtern niederschreiben

/Zusammenfassend können wir sagen, dass die Zahl der Krankmeldungen in unserer Firma zurückgegangen ist./Weiterhin werden wir schon im nächsten Monat/die lang ersehnte Filiale einweihen./Professor Schuster/wird dazu über das Thema „Expansion in der Wirtschaft" referieren./Gleichzeitig wollen wir eine größere Summe an das Rote Kreuz spenden./Der Vorstand hat des Weiteren seine Freude darüber ausgedrückt, dass nun auch die beiden/letzten veralteten Bandstraßen modernisiert sind,/wodurch die Ausstoßkapazität spürbar erhöht wurde./Für den Sommer/hat die Firma einen Betriebsausflug/von einem Tag/angesetzt, wozu die neu eingestellten/Auszubildenden ebenfalls herzlich eingeladen sind./Abschließend können wir nur noch einmal feststellen: Es geht weiterhin bergauf. Ich danke Ihnen./(Die Reihenfolge der Fakten spielt bei der Kontrolle keine Rolle.)

Wenn Sie im Gespräch mit einem Kunden sind, dann wenden Sie das gleiche Prinzip wie bei unserer Konferenz an. Stellen Sie sich einfach während des Gesprächs oder in den kurzen Pausen dazwischen die wichtigsten Punkte noch einmal bildlich vor. Dabei ist es sicherlich leicht für Sie, auch Emotionen mit hineinzubringen, denn schließlich sind die erörterten Punkte für Sie meistens sehr wichtig. Probieren Sie es einmal in Ihrem nächsten Gespräch aus, denn Sie wissen ja: Nur Übung macht den Meister.

B. Telefonate und Diskussionen

Bei einem Telefonat sind Sie meistens der Zuhörer, wenn Sie von jemandem angerufen werden. Es wird Ihnen dann eine Reihe von Informationen mitgeteilt, ähnlich als säßen Sie in einem Vortrag.

Wenn Sie dabei in die Notlage kommen, nichts mitschreiben zu können, dann verlassen Sie sich wieder auf Ihr assoziatives Gedächtnis. In Übung 11 finden Sie ein Beispiel für ein solches Telefonat. Bitte lesen Sie den Text langsam durch und stellen Sie sich wieder intensiv den Inhalt vor. Das wird Ihnen nicht sehr schwer fallen, denn Taschenrechner und Diktiergeräte sind „anschauliche" Geräte, und die beiden Namen sind Ihnen ebenfalls geläufig, einmal als Beruf und einmal als Zeitschrift.

Machen Sie jetzt die Übung 11.

Übung 11

Telefonat: einmal lesen und wiedergeben

Guten Tag, Herr Müller, bitte liefern Sie mir morgen die beiden Diktiergeräte Marke „Brigitte" sowie den gewünschten Taschenrechner. Die Bedienungsanleitung schicken Sie mit getrennter Post nach Hamburg. Sobald alles bei mir eingetroffen ist, schicke ich Ihnen Grafiken und Fotos für die Werbekampagne. Auf Wiederhören!

Bitte üben Sie das gleiche Assoziationsprinzip noch einmal mit Übung 12.

Übung 12

Guten Tag, mein Name ist Baum, Waschmaschinenhersteller, wie Sie wissen. Wir hätten gerne wieder Ihr Verpackungsmaterial, Farbe Braun, für unsere Maschinen. Wir brauchen die übliche Menge mit den Kunststoffbändern und Dach sowie Boden mit Holzverstärkung. Unser Fahrer holt das Ganze mit unserem Lkw gegen Ende der Woche ab. Die Rechnung bitte nach Düsseldorf.

Eine Diskussion ist ein Sonderfall der Konferenz. Hier versuchen zwei oder mehrere Personen, sich gegenseitig durch Argumente vom eigenen Standpunkt zu überzeugen. Für eine solche Diskussion gibt es für Sie nur zwei Möglichkeiten: Entweder wollen Sie vorher in Ihrem Gedächtnis Argumente verankern, um sie anschließend wieder an den Mann zu bringen, oder aber Sie wollen den Inhalt der Diskussion speichern. Für den ersten Fall (wo Sie sich also Argumente merken wollen), können Sie unser Zahlensystem von 1 bis 12 benutzen. Sie verknüpfen einfach diese Argumente mit den Symbolen, entweder pro Argument ein Symbol oder wenn es mehr Argumente sind, dann einfach mehrere Argumente hinter ein Symbol.

Hierbei können Sie diese Argumente sogar nach ihrer Art und Weise in Gruppen aufteilen (also Gruppe 1 mit dem Bleistift, Gruppe 2 mit dem Schwan verbinden usw.).

Wollen Sie aber nur den Inhalt der Diskussion ins Gedächtnis aufnehmen, dann gehen Sie genauso vor wie bei Konferenzen oder Telefonaten. Sie stellen sich einfach wichtige Punkte des Inhalts als plastische Bilder vor.

C. Die geistige Entwicklung eines Menschen

Mit dem Problem hat sich der Schweizer Psychologe Piaget sehr intensiv befasst. Er stellte fest, dass Kinder ihre Reise durch die Welt zunächst einmal als naive Realisten antreten, denn sie vertrauen allen Dingen so, wie sie auf den ersten Blick erscheinen. Das geht immer so lange gut, bis sie plötzlich merken, dass etwas auch ganz anders sein kann, als es zunächst scheint. Dazu ein Beispiel:

Wenn die eine Sache höher ist als die andere, dann bedeutet das für ein fünfjähriges Kind immer, dass das eine mehr ist als das andere. Für ihn ist die Höhe ein verlässliches Merkmal für „mehr als". Ein Siebenjähriger hat aber inzwischen schon ganz andere Erfahrungen gesammelt. Er hat gelernt, dass zu „mehr als" auch noch die Dimensionen der Breite und Länge hinzukommen. Sein Konzept von den Dingen ist inzwischen objektiver oder realistischer geworden.

Wie sich diese Konzepte bilden, darüber gibt es zwei grundverschiedene Meinungen. Einige Wissenschaftler meinen, dass diese Entwicklung altersabhängig ist und sich damit im entsprechenden Alter automatisch ergibt, andere vertreten die Meinung, dass sich ein Konzept dann bildet, wenn das Kind mit dem entsprechenden Problem konfrontiert wird. Im ersten Falle wäre diese Konzeptbildung mehr ein Vorgang, der durch Denken ausgelöst wird, der also nicht direkt mit Umwelteinflüssen zu tun hat, und im zweiten Falle käme der Denkanstoß direkt von außen.

Wie auch immer dieser Streit ausgehen mag, es gibt inzwischen eine Reihe von Untersuchungen darüber, in welchem Alter die meisten Kinder ein bestimmtes Konzept gelernt haben und in welchem noch nicht. Dazu einige Beispiele: Sie legen einem Kind zehn Knöpfe in eine Reihe nebeneinander. Dann nehmen Sie dieselben Knöpfe und ziehen diese Reihe etwas auseinander, sie machen sie also deutlich länger (die Anzahl der Knöpfe muss dabei gleich bleiben). Fragen Sie nun das Kind, wann mehr Knöpfe vorhanden sind, vorher oder nachher? Ist ein Kind unter sechs Jahre alt, so wird es antworten: „Vorher waren es weniger." Ist es über sieben Jahre alt, so wird es antworten: „Beide Male gleich viel." In diesem Falle würde das Konzept der unverändert gebliebenen Anzahl einmal verstanden und einmal nicht.

Knöpfe vorher:

Knöpfe nachher:

Ein zweites Beispiel:

Sie legen wieder Ihre zehn Knöpfe in eine Reihe nebeneinander. Formen Sie anschließend daraus einen Kreis. Fragen Sie nun: „Was ist länger?" Ist das Kind unter sieben Jahre alt, so wird es antworten: „Vorher war es länger." Ist es über acht Jahre alt, so wird es antworten: „Beide Male gleich lang."

Knöpfe vorher:

Knöpfe nachher:

Hier wurde das Konzept von der unveränderlich gebliebenen Länge einmal verstanden und einmal nicht. Machen Sie die Probe aufs Exempel, wenn Sie Kinder haben. Sie werden sicher überrascht sein.

In dieser Art und Weise gibt es also eine ganze Reihe von Untersuchungen, in welchem Alter ein Kind Phänomene der Umwelt versteht und in welchem Alter noch nicht. Leider hält sich aber der Schulunterricht nicht an diese Untersuchungen, sondern es wird oft versucht, den Kindern etwas beizubringen, das sie einfach noch nicht verstehen können. Und wenn Kinder einen Lernstoff noch nicht verstehen, dann wird aus dem Lernen leider nur ein stures Pauken und Nachplappern ohne Verstand.

Frageseite

1. Wie merken Sie sich den Inhalt von Konferenzen und Gesprächen?
2. Wie speichern Sie Telefonate und Diskussionen?
3. Was sagt die Konzeptbildung eines Kindes aus?

Antwortseite

1. Stellen Sie sich die wichtigsten Punkte bildlich vor.
2. Telefonate merken Sie sich so wie Konferenzen und Gespräche; Diskussionen ebenso, wenn es Ihnen um den inhaltlichen Ablauf geht. Geht es Ihnen aber bei Diskussionen um die vorherige Sammlung von Argumenten, dann verknüpfen Sie diese hinter die Zahlensymbole von 1 bis 12.
3. Die Konzeptbildung sagt aus, ab welchem Alter ein Kind ein bestimmtes Funktionsprinzip, z. B. in der Natur, versteht und auch erst in der Schule lernen sollte.

Ideenliste

Übung 10

Sie sehen zwei verschieden hohe Stapel von Krankenscheinen; der höhere Stapel ist vom letzten Monat, der niedrige vom jetzigen Monat. Der Redner zeigt zum Fenster hinaus auf eine Filiale, die mit Girlanden behangen ist. Sie können dort einen Professor sehen, der bereits sein Referat übt. Der Vortragende hält in der Hand einen Scheck mit einem roten Kreuz darauf. Der Vorstand steht strahlend vor einem Modell mit zwei neuen Bandstraßen. Am Ende der Bandstraße türmen sich wesentlich mehr Produkte als früher. Sehen Sie, wie im Sommer ein Betriebsausflug startet, wie auch Auszubildende in den Bus einsteigen.

Übung 11

Sehen Sie einen Müller (Beruf) mit zwei Diktiergeräten und einem Taschenrechner vor sich. Auf den Diktiergeräten liegt die Zeitschrift „Brigitte“. Stellen Sie sich weiter vor, wie Post in Hamburg eintrifft und wie Sie bei Eintreffen der Geräte eine Werbemappe zusammenstellen und abschicken.

Übung 12

Sehen Sie einen Mann neben einem Baum stehen, vor ihm steht eine Waschmaschine. Sie wird gerade in braunes Verpackungsmaterial verpackt. Stellen Sie sich eine doppelte Holzverstärkung im Dach und Boden dieser Verpackung vor. Sehen Sie zum Schluss, wie sie mit schwarzen Kunststoffbändern festgezogen wird und wie dann ein Lastkraftwagen kommt und das Ganze abholt. Anschließend trifft in einem Düsseldorfer Büro eine Rechnung ein.

6. Vorträge, Weiterbildungstexte, Nacherzählungen

A. Stilblüten und Vorträge

Ein Vortrag ist letzten Endes nichts anderes als ein längeres Telefonat, denn Ihnen werden sehr viele Informationen mitgeteilt, ohne dass Sie viele Zwischenfragen stellen können. Aber bevor wir uns mit solchen Vorträgen befassen, möchte ich eine Übung einschieben, die Sie gewissermaßen als Vorübung ansehen können. Es geht um die Speicherung von Witzen.

Wie oft hören Sie einen guten Witz, lachen herzlich darüber und haben ihn anschließend schon wieder vergessen? Aber das muss nicht sein, wenn Sie hier ebenfalls unsere Assoziationstechnik anwenden. In Übung 13 stehen zehn Witze und Stilblüten, und Sie sollen versuchen, sich diese Witze in der dortigen Reihenfolge zu merken.

Dabei gehen Sie folgendermaßen vor: Bauen Sie ein Bild auf, wie Napoleon den Buchhändler Palm erschießen lässt (Sie können auch einen anderen Namen für den Buchhändler nehmen). Nun stellen Sie sich vor, wie dieser Buchhändler zusammen mit der Mutter in den Wäschekorb gelegt und auf den Speicher getragen wird. Auf diese Art und Weise haben Sie bereits die ersten beiden Witze miteinander verknüpft. Als Nächstes sehen Sie auf dem Speicher den Grafen Zeppelin mit seinem Luftschiff, wie er dort in alle Himmelsrichtungen „schifft". Auf dem Luftschiff sitzt eine Schlange und wackelt heftig mit dem Schwanz usw. Wenn Sie so die Witze weiter verknüpfen, dann sind Sie in der Lage, alle zehn lückenlos mit der richtigen Pointe wiederzugeben. Den Rest des Witzes (also alles andere außer der Pointe) können Sie dann getrost verändern, wichtig ist allein die Pointe. Bitte assoziieren Sie jetzt Übung 13 in der richtigen Reihenfolge.

Übung 13

10 Witze (Stilblüten) verknüpfen

- Napoleon ließ den Buchhändler Palm erschießen, um ihn einzuschüchtern.
- Wenn unsere Mutter große Wäsche hat, helfen wir ihr; wir legen sie in den Korb, tragen sie auf den Speicher und hängen sie auf.
- Graf Zeppelin war der Erste, der in der Luft in verschiedene Richtungen schiffen konnte.
- Bei einer Schlange ist das komisch, da weiß man nie genau, wo sie anfängt, mit dem Schwanz zu wackeln.
- Am Ziel der Wanderung angekommen hatten wir alle großen Durst. Zum Glück überließ mir Karl einen Teil seines Wassers.
- Seltsam, dass das Porto der Post weiter steigt, wo die Welt doch angeblich immer kleiner wird.
- Die Rechtschreibung bereitet das ganze Leben Schwierigkeiten, es sei denn, man wäre Analphabet.
- Lehrer: Dann wird Ihnen eben später ein Loch in Ihrer Bildung fehlen.
- Paradox ist, wenn ein Angeklagter sitzen muss, weil er gestanden hat.
- Dabei fiel der Arbeiter vom Fahrrad und bog sich ganz erheblich die Lenkstange.

Und nun zu unseren Vorträgen: Dazu habe ich einen Text von einer Tagesschau genommen. Ein solcher Text ist für Sie deshalb eine gute Übung, weil er erstens relativ schwierig ist, denn Tagesschautexte werden sehr schnell vorgelesen, und zweitens, weil Sie jeden Abend Gelegenheit haben, vor dem Bildschirm Ihre Assoziationstechnik noch weiter zu trainieren.

Auch bei solchen Texten stellen Sie sich die einzelnen Schwerpunkte wie in einem Film intensiv vor. Das fällt bei der Tagesschau nicht schwer, da hier ja sowieso einige Schwerpunkte in Kurzfilmen noch einmal verdeutlicht werden.

Zuerst stellen Sie sich einmal die Themenankündigung vor: Sehen Sie, wie zwei internationale Terroristen in der Schweiz gefangen werden. Während im folgenden Text dann dieses Thema noch genauer abgehandelt wird, feilen Sie einfach Ihr Bild an den Stellen aus, wo Sie es für wichtig halten. Z. B. sehen Sie, wie zwei Personen, aus Frankreich kommend, in die Schweiz wollen und an der Grenze aufgehalten werden und wie die Schweizer Kriminalpolizei die Namen dieser beiden Personen durch abwehrendes Händeschütteln unbestätigt lässt usw. In dieser Art fahren Sie bitte fort bis zum Ende dieses Textes.

Bitte machen Sie jetzt Übung 14.

Übung 14

Tagesschau an einem Dienstag (gekürzt). Einmal langsam vorlesen lassen

Hier ist das Deutsche Fernsehen mit der Tagesschau. Guten Abend, meine Damen und Herren. Heute in der Spätausgabe: Internationale Terroristen festgenommen. Zwei Gesuchte gingen wahrscheinlich heute in der Schweiz ins Netz. Bei der Einreise von

Frankreich in die Schweiz sind heute zwei mutmaßliche arabische Terroristen festgenommen worden. Noch steht nicht fest, ob es sich um die beiden auf unserem Foto dargestellten Personen X und Y handelt. Aus anderen Quellen geht hervor, dass die festgenommene Frau auch die gesuchte Terroristin Z sein könnte. Die Schweizer Kriminalpolizei hat bisher keinen der genannten Namen bestätigt. Die Festgenommenen verweigern bisher jede Aussage.

Das ist der Grenzübergang zwischen der Schweiz und Frankreich. Nach Darstellung der Schweizer Polizei sind hier am Nachmittag die beiden Festgenommenen von einem Zöllner auf einer Straße mit Fahrverbot angehalten worden. Als der Zöllner die beiden zur Dienststelle brachte, zog die Frau plötzlich eine Pistole und schoss auf zwei Zollbeamte. Während diese verletzt liegen blieben, ergriffen die Terroristen mit ihrem Wagen, einem gemieteten Renault, die Flucht. Vor dem Eingang des nächsten Ortes ließen sie den Wagen stehen, liefen zum Bahnhof, von wo aus sie mit einer Droschke in Richtung auf die Stadt Elsberg weiterflüchteten. Kurz vor dieser Stadt blieben sie jedoch an einer Sperre der Kantonspolizei stecken und konnten dort, ohne dass sie Widerstand leisteten, festgenommen werden.

Aus Frankfurt nun die Wettervorhersage für morgen, Mittwoch: Im Norden und Osten Deutschlands stark bewölkt, aber niederschlagsfrei, sonst verbreitet Nebel oder Hochnebel. Gebietsweise heiter, vor allem in höheren Lagen.

Das war die zweite Abendausgabe der Tagesschau. Wir melden uns wieder mit letzten Nachrichten gegen Mitternacht.

B. Weiterbildungstexte und Nacherzählungen

Wenn Sie sich z. B. mit Büchern weiterbilden, dann haben Sie für gewöhnlich mehr Zeit, sich mit Texten zu befassen. Wenn Sie in einem solchen Falle einen Text intensiver und genauer aufnehmen wollen, dann gehen Sie folgendermaßen vor: Sie lesen einen solchen Text durch und stellen sich dabei bereits wichtige Punkte bildlich vor. Auf diese Art und Weise haben Sie sich schon einmal über diesen Text informiert. Nun lesen Sie ihn ein zweites Mal und schreiben dabei wichtige Stichwörter heraus. Anschließend verknüpfen Sie diese Stichwörter zu einer Kette. Natürlich machen Sie dann aus dieser Kette keine willkürliche Geschichte, sondern beim Verknüpfen orientieren Sie sich an dem Inhalt des Textes. Letzten Endes kommt dadurch wieder der Inhalt unseres Textes als Film heraus, nur haben Sie ihn sich jetzt wesentlich fester eingeprägt und vor allem nichts Wichtiges vergessen, weil das Wichtigste ja in den Stichwörtern enthalten ist.

Für unseren Text in Übung 15 sieht das Verfahren ungefähr so aus:

Stichwörter: Früheste Uhren – Festung Dover – Gewichtsbalken – Hin- und Herschwingen – Zeiger bewegen – Trotz Verbesserung Uhren pro Tag einige Minuten falsch usw. Bei der Verknüpfung dieser Stichwörter stellen Sie sich vor: eine ganze alte Uhr auf der Festung Dover mit einem riesigen Gewichtsbalken, der hin- und herschwingt und einen Zeiger bewegt. Ständig kommt ein Mechaniker und nimmt Verbesserungen vor. Trotz alledem geht die Uhr immer wieder einige Minuten falsch und so fort. Bitte machen Sie jetzt in dieser Art Übung 15.

Übung 15

Schreiben Sie aus dem folgenden Text Stichwörter heraus (nicht mehr als 25) und assoziieren Sie diese als Kette.

Die Entwicklung der Uhr

Die frühesten Uhren, z. B. auf der Festung Dover, hatten einen Gewichtsbalken, der hin- und herschwang und nur einen einzigen Zeiger bewegte. Obwohl dieser Gewichtsbalken nach und nach verbessert wurde, gingen solche Uhren doch täglich mehrere Minuten falsch. Im 16. Jahrhundert setzten sich die ersten Uhren mit einem Pendel durch. Dadurch gingen sie genau genug, um außer den Stunden auch die Minuten anzugeben. In den nächsten Jahrhunderten entwickelten die Uhrmacher sog. bessere Hemmungen und verbesserten auch das Pendel. Es wurde das Quecksilberpendel entwickelt, danach das Messing-Stahl-Pendel. Noch später bekamen die Uhren einen atmosphärischen Druckausgleich, wieder etwas später wurde aus dem Messing-Stahl-Pendel ein fast freies Pendel und später ein frei schwingendes Pendel. Heute benutzt man als Pendel vibrierende Quarzkristalle. Die genaueste Uhr der Welt benutzt vibrierende Cäsiumatome, diese Uhren gehen nur alle 3 000 Jahre eine Sekunde falsch (siehe auch Strukturexzerpt, Kap. 12, Abschnitt C).

Ein kleiner Hinweis für Schüler: Bei Nacherzählungen wenden Sie ein ähnliches Verfahren an, allerdings ohne Stichwörter aufzuschreiben. Üblicherweise werden Nacherzählungen in Schulen zweimal vorgelesen. Deshalb stellen Sie sich beim ersten Vorlesen schon einmal den Text bildlich vor, wie Sie es bei Weiterbildungstexten tun. Beim zweiten Vorlesen konzentrieren Sie sich nur noch auf die wichtigsten Stellen, als hätten Sie Stichwörter vor sich liegen. Wenn Sie diese wichtigsten Stellen noch einmal exakt bildlich darstellen, dann haben Sie mindestens 80 Prozent der Nacherzählung für eine längere Zeit fest im Gedächtnis. Probieren Sie es einmal, Sie werden sehen, es funktioniert.

C. Die Denkblockade durch Stress

Der Mensch ist nur deshalb in der Lage, zu denken, zu handeln und zu reagieren, weil seine ungeheuer hohe Anzahl von Nervenzellen (25 bis 40 Milliarden) im Gehirn in einer komplizierten Vielfalt miteinander und untereinander verknüpft und vernetzt sind. Jede Nervenzelle hat eine Anzahl von Endungen, sog. Dendriten und einen Neurit. Nur die Neuriten (auch Axone genannt) haben die Aufgabe, Informationen der eigenen Nervenzelle an eine andere weiterzugeben. Dazu besitzt ein solcher Neurit an seinem Ende eine köpfchenartige Erweiterung, die Synapse genannt wird. Diese Synapse sitzt so dicht an einer anderen Nervenzelle an, dass sie sich fast zu berühren scheinen. Bei einer 250 000-fachen Vergrößerung stellt man aber fest, dass zwischen der Synapse und der anderen Nervenzelle ein winziger Spalt ist, der sog. synaptische Spalt. Dieser Spalt ist normalerweise nicht leitend. Ein Impuls, der von einer Nervenzelle zur anderen geschickt werden soll, wandert nun vom Inneren der Zelle durch den Neurit in die Synapse. Dort kann er aber den nicht leitenden synaptischen Spalt nicht überwinden; der synaptische Spalt bildet sozusagen einen Schalter in der Stellung „Aus“. Erst wenn die Synapse eine chemische Substanz in diesen Spalt ausschüttet, gelangt der Impuls in die benachbarte Nervenzelle. Der Schalter steht jetzt in der Stellung „An“.

Eine dieser chemischen Substanzen heißt Actylcholin und sie ist dafür verantwortlich, ob ein Impuls weitergegeben wird oder nicht. Und damit ist auch bestimmt, welche Nervenzellen an der Impulsweitergabe beteiligt werden und welche nicht.

Nun kennt jeder das Phänomen der Denkblockade. Eine aufregende Prüfungssituation, man hat alles gut gelernt, aber auf einmal, gerade bei der entscheidenden Frage, ist alles wie weggeblasen. Man hat das Gefühl, der Kopf sei leer und tot. Wie kommt so etwas, warum versagen Schüler und Erwachsene oft im entscheidenden Moment? Um dieses Phänomen zu erklären, muss man in der Entwicklungsgeschichte des Menschen tausende von Jahren zurückgehen.

In früheren Zeiten war das Leben des Menschen von einem ständigen Kampf ums Dasein gekennzeichnet. Um die Überlebenschancen des Menschen (und auch der Tiere) zu erhöhen, hatte die Natur folgendes sehr sinnvolle System entwickelt: Versetzen wir uns einmal in die Situation eines Urzeitmenschen. Er ist gerade auf der Jagd nach Beute, als er plötzlich hinter sich in einem Busch ein seltsames Krachen und Knistern hört. Da ihm dieses Geräusch unbekannt ist, wird es automatisch in seinem Gehirn als feindlich interpretiert, und alles Feindliche bedeutet damit auch Gefahr. Deshalb programmiert sein Gehirn in dieser Situation sofort auf Flucht, denn das ist das Sicherste, um die eigene Haut zu retten. Für den Angriff oder eine eventuelle Unterwerfung entscheidet sich das Gehirn in solchen Fällen nur dann, wenn es entweder keine andere Möglichkeit gibt oder wenn sichergestellt ist, dass dadurch die Gefahr ohne Risiko beseitigt werden kann. Das Ergebnis ist, dass der Urzeitmensch so schnell wie irgend möglich flüchtet, bis er aus dem Gefahrenbereich heraus ist.

Das grundsätzliche Prinzip eines solchen Fluchtverhaltens ist also folgendes: Tritt etwas Unbekanntes auf, so wird es zuerst einmal sicherheitshalber als feindlich interpretiert. Dieses Feindliche ist gleichbedeutend mit Gefahr, und Gefahr löst automatisch ein Fluchtverhalten aus. Damit dieses „Fluchtprogramm“ aber auch ungehindert ablaufen kann, muss in diesem Augenblick das Denken des Menschen blockiert werden, um die spontane Entscheidung zur Flucht nicht durch langes Nachdenken und Abwägen zu verzögern. Dieses Blockieren der Denktätigkeit nennt man „Denkblockade durch Stress" und es wird folgendermaßen eingeleitet: Die Synapsen der zuständigen Neuriten erhalten auf irgendeinem Wege (zzt. noch nicht vollständig geklärt) den Befehl, keinen Transmitterstoff mehr in den synaptischen Spalt auszuschütten, und zwar so lange, wie der Mensch auf Flucht programmiert ist. Durch diesen Vorgang steht der Schalter, der für den Durchlass der Gedankenimpulse verantwortlich ist, auf „Aus". Die Fähigkeit des Menschen, überlegt zu handeln und zu denken, ist vorübergehend lahm gelegt.

Aus dieser Sicht betrachtet ist die Denkblockade durch Stress eine sehr sinnvolle Einrichtung, die das Überleben des Menschen unterstützt und sichert. In einer Prüfungssituation jedoch tritt der gleiche Mechanismus unerwünscht auf. Eine solche Situation ist nämlich auch unbekannt, damit feindlich und „gefährlich" im Sinne eines Überlebensprogramms. Natürlich kann der Mensch hier nicht fliehen, aber immerhin wird in den synaptischen Spalt keine Substanz mehr ausgeschüttet, so dass auch hier die Denktätigkeit blockiert ist. Diese Blockade ist unabhängig davon, wie gut jemand sein Prüfungswissen im Kopf hat und wie intelligent er ist. Sie tritt einfach auf, weil die Prüfungssituation etwas Unbekanntes und damit Bedrohliches an sich hat. Es sei hier noch erwähnt, dass das gleiche Phänomen auch dann auftritt, wenn ein Lehrer einem Schüler etwas auf sehr komplizierte und fremde Art und Weise erklärt. Auch solche Erklärungen werden (und das nicht nur von jungen Schülern) als unbekannt und damit bedrohlich interpretiert, und es braucht sich niemand zu wundern, wenn der Schüler total abschaltet und zum Schutz seiner selbst auf Durchzug stellt.

Frageseite

1. Wie behalten Sie Witze und Vorträge?
2. Wie speichern Sie Weiterbildungstexte?
3. Was passiert bei einer wichtigen Prüfung oder bei einer abstrakten Vermittlung von Wissensstoff, wenn der Eindruck des Unbekannten und Gefahrvollen entsteht?

Antwortseite

1. Die Pointen der einzelnen Witze verknüpfen Sie als Kette hintereinander. Bei Vorträgen stellen Sie sich beim Zuhören die wichtigsten Punkte bildlich vor.
(Wenn falsch: Abschnitt A)
2. Bei Weiterbildungstexten haben Sie etwas Zeit und deshalb können Sie in Ruhe Stichwörter herausschreiben. Diese Stichwörter verknüpfen Sie dann als Kette. Die Geschichte, die dabei entsteht, entspricht wieder dem Inhalt des Textes.
(Wenn falsch: Abschnitt B)
3. Das Gehirn schaltet auf ein Fluchtprogramm um, das Denken wird abgeschaltet und der Mensch versagt. Im früheren Überlebenskampf war diese Einrichtung sinnvoll, heutzutage behindert sie den Menschen bei wichtigen Reaktionen, da er die meisten Probleme besser kühl denkend und sachlich lösen könnte.
(Wenn falsch: Abschnitt C)

Ideenliste

Übung 13

Stellen Sie sich vor, wie auf einen Buchhändler geschossen wird, um ihn einzuschüchtern. Er wird dann zusammen mit der Mutter in den Wäschekorb gelegt und beide werden auf dem Speicher aufgehängt. Auf dem Speicher besteigt gerade Graf Zeppelin sein Luftschiff und schifft in verschiedene Richtungen. Auf dem Luftschiff sitzt eine Schlange, die mit dem Schwanz wackelt. Sie kriecht dann fort zu einer Gruppe, die gerade am Ziel der Wanderung angekommen ist, wo einer dem anderen sein Wasser überlässt, um den Durst zu stillen. Dann schreibt jemand eine Postkarte und muss eine viel zu hohe Gebühr auf die Postkarte kleben und schüttelt erstaunt den Kopf. Ein Analphabet hilft ihm, die Postkarte orthographisch richtig zu schreiben, da es ihm selbst keine Schwierigkeiten bereitet. Ein Lehrer fährt diesen Analphabeten mit den Worten an: „Ihnen wird später ein Loch in Ihrer Bildung fehlen." Dieser Lehrer wird angeklagt und er muss sitzen, obwohl er gestanden hat. Vor lauter Lachen über diesen Gag fällt ein Arbeiter vom Fahrrad und verbiegt sich erheblich die Lenkstange.

Übung 14

Tagesschau an einem Dienstag (gekürzt). Bitte stellen Sie sich Folgendes vor:

Zwei internationale Terroristen, eine Frau und ein Mann, werden bei einer Reise von Frankreich in die Schweiz von einem Zöllner angehalten. Die Frau schießt auf diesen und auf einen anderen Zöllner. Beide flüchten in einem Renault. Etwas später setzen sie die Flucht mit einer Droschke fort und werden an einer Sperre der Kantonspolizei endgültig festgenommen, ohne Widerstand zu leisten.

Stellen Sie sich weiter eine Landkarte vor, auf der es im Norden und Osten Deutschlands stark bewölkt, aber niederschlagsfrei ist. Sehen Sie im restlichen Gebiet Nebel und Hochnebel.

Übung 15

Stellen Sie sich eine ganz alte Uhr auf der Festung Dover vor. Auf der Vorderseite bewegt sich ein riesiger Gewichtsbalken hin und her, der mit einem Zeiger verbunden ist. Ein Techniker verbessert diesen Gewichtsbalken nach und nach. Trotz allem geht die Uhr bei Tests täglich mehrere Minuten falsch. Stellen Sie sich rechts daneben ein etwas neueres Modell einer Uhr vor, das ein Pendel besitzt.

Auf dem Zifferblatt dieser Uhr lassen sich sowohl Stunden als auch Minuten feststellen. Stellen Sie sich weiter vor, wie das Pendel immer mehr verbessert wird, wie es dann eines Tages gegen ein Quecksilberpendel ausgetauscht wird und danach gegen ein Messing-Stahl-Pendel. Dann stellen Sie sich an der Uhr ein kleines Gerät vor, das den Atmosphärendruck regelt; stellen Sie sich weiter vor, wie später ein frei schwingendes Pendel in die Uhr eingesetzt wird. Etwas weiter rechts stellen Sie sich nun eine moderne elektronische Uhr mit Quarzkristallen vor und daneben eine sog. Atomuhr, die perfekt genau geht. Den Schluss des Textes müssen Sie sich in folgender Art vorstellen: Sie nehmen eine Uhr auseinander und zerlegen sie in den Stundenzeiger, Minutenzeiger, Sekundenzeiger, das Haus, in dem sich die Feder befindet, die Unruhfeder, dann die Unruhe, einen Anker, ein Gangrad und eine Hand voll Zahnräder. Stellen Sie sich vor, wie Sie das alles auf einen Tisch legen.

7. Personennamen, Namen aller Art

A. Personennamen

Wenn Sie mit dem assoziativen Gedächtnis Personennamen behalten wollen, dann müssen Sie natürlich auch hier in der Lage sein, sich Bilder vorzustellen. Nun werden Sie sagen: „Was soll ich mir denn unter Namen vorstellen, die sind doch meistens abstrakt?" Das stimmt, aber wenn Sie nach einem bestimmten System vorgehen, dann lassen sich Namen dennoch assoziieren.

Alle Namen lassen sich grundsätzlich in vier Gruppen aufteilen.

1. Müller, Schuster, Nagel
Diese Gruppe ist konkret, denn unter den ersten beiden können Sie sich einen Beruf vorstellen, und Nagel ist ein einfaches Hauptwort wie Tisch und Stuhl.

2. Baumgarten, Waldmann, Vorfeld
Auch diese Namen sind konkret, denn Baumgarten schlüsseln Sie auf in Baum und Garten, Waldmann in Wald und Mann und Vorfeld in vor und Feld.

Unter diese Gruppen 1 und 2 fallen etwa 40 Prozent der deutschen Namen, und da sie sich gut vorstellen lassen, machen sie keine großen Schwierigkeiten. Etwas anders sieht die Sache bei den letzten beiden Gruppen aus.

3. Kanner, Kleier, Flamm
Diese Namen lassen sich in ihrer ursprünglichen Form nicht assoziieren. Es geht erst dann, wenn Sie aus „Kanner" das Wort „Kanne" machen, aus „Kleier" den Begriff „Kleie" usw. Die dritte Gruppe besteht also aus Namen, die sich meist nur durch einen Buchstaben von konkreten assoziierbaren Begriffen unterscheiden. Deshalb wandeln Sie solche Namen einfach geringfügig in gut vorstellbare Begriffe um.

Schwieriger wird die Sache allerdings bei der vierten Gruppe von Namen. Das sind Namen wie:

4. Behrend, Juraszcec, Tuschec
Bei diesen Namen müssen Sie Ihre Fantasie etwas spielen lassen und sich ähnlich klingende konkrete Begriffe dazu ausdenken.

z. B. Behrend = ein Bär rennt
oder Juraszcec = Jura-Studium und Scheck
oder Tuschec = der Tusch und die Ecke

Vielleicht finden Sie solche Umwandlungen am Anfang noch ein bisschen schwierig, aber es geht nach etwas Übung relativ leicht.

An dieser Stelle möchte ich Ihnen einige Namen der dritten und vierten Gruppe zeigen, zu denen ich bereits ähnlich klingende assoziierbare Begriffe gefunden habe. Sie werden sehen, dass vorher schwierig zu behaltende Namen plötzlich leicht werden. Links steht immer der Name selbst und rechts ist der assoziierbare, vorstellbare Begriff aufgeführt.

Namen der dritten Gruppe:

Bardt	–	Bart
Floss	–	Flosse
Harth	–	Hart
Weppen	–	Wappen
Seidel	–	Seide
Monheim	–	Mohn(blume) und Heim
Lenk	–	Gelenk oder Lenker
Döbel	–	Dübel
Krupp	–	Stahlwerk Krupp
Leyer	–	Leier(kasten)
Köster	–	Küster (isst köstliche Speisen)
Kahlen	–	Kahl
Erser	–	Erster
Weiler	–	(Eile mit) Weile oder (Lange)weile
Giere	–	Gier
Simons	–	Fa. Siemens
Flesch	–	engl. flesh (= Fleisch) oder flash (= Blitz)
Wiegel	–	Wiege
Kerkmann	–	Kerker und Mann
Beck	–	Becks-Bier oder Becken
Füssel	–	Fussel
Rusche	–	Rutsche

Namen der vierten Gruppe:

Siedelhotten	–	Siedeln und Hotten(totten)
Grandi	–	Ghandi oder grantig
Mathai	–	Mathe(matik) und Hai
Angenent	–	angenehm
Janusch	–	Ja und nuscheln
Klakow	–	Klack! und Kopf oder Koffer

Niedzilla	–	niedlich und Villa
Kenden	–	Kendeo (jap. Kampfart mit Schwertern)
Vondenhoff	–	Von dem Hof
Liliana	–	Liane (im Dschungel)
Kemp	–	engl. camp
Troche	–	Brosche oder Droschke
Vlatten	–	flattern oder Platten
Bukowitz	–	Buko (Käse) und Witz
Züllich	–	Zürich
Jokisch	–	Jockey und ich oder Kitsch
Dschugaschwili	–	Schuh und Asche und Willi (Vorname)
Wisocki	–	Wie und Socke
Tullius	–	engl. tool und us (lat. Endung)
Nicosia	–	nicken und kosen
Lortzinger	–	Lord und Singer (Nähmaschine)
Baronowsky	–	Baron und auf Ski(ern)

An dieser Stelle eine kurze Anmerkung: Vielleicht haben Sie sich schon gefragt: Was nützt es mir, wenn ich mir einen Namen vorstelle? Ich weiß damit immer noch nicht, welche Person diesen Namen hat. Das stimmt! Wenn Sie wissen wollen, wer diesen Namen hat, dann müssen Sie den Namen in Verbindung mit dem Gesicht des Betreffenden assoziieren. Diese Technik wird noch in Kapitel 8 besprochen werden. Zunächst geht es darum, dass Sie üben, Namen assoziierbar zu machen.

In Übung 16 finden sie 20 Personen der dritten und vierten Gruppe, und ich möchte Sie bitten, zu diesen Namen ähnlich klingende Begriffe zu suchen. Sie werden sehen, es geht mit etwas Fantasie ganz leicht.

Übung 16

Wandeln Sie die 20 Personennamen ab.

Korke
Rabel
Stum
Quicker
Kleier
Reichelt
Frinks
Heyne
Sippold
Beles

Bäuer
Erkes
Alfer
Kripps
Geiser
Stimeran
Jelinek
Zeiselhoven
Klumm
Sistik

B. Namen aller Art

Nicht nur Personennamen lassen sich in vorstellbare Begriffe umwandeln, sondern auch Straßennamen, Namen von Firmen, Produkten, Bergen, Flüssen usw. Natürlich brauchen Sie auch dazu etwas Übung und Fingerspitzengefühl. Aber auch das werden Sie mit der folgenden Übung trainieren können.

Übung 17

Namen aller Art: Suchen Sie ähnliche Begriffe.

20 Straßennamen:

Am Wolfgraben
An der Schlade
Auelgasse
Am Urbacher Wald
Tuckerweg

Kitschburger Straße
Oscar-Jäger-Straße
Bahnhofsplatz
An der Schleuterbach
Charlottenstraße

Im Jägergarten
Fauststraße
Reuterstraße
Zur alten Fähre
Panzerweg
Wahner Straße
Breslauer Straße
Am Stichel
Röntgenstraße
Im Falkenhorst

Beispiel für „Am Wolfsgraben“: ein Graben mit einem Wolf

10 Firmen:

Auto Niesegang
Detektive Kripps
Möbel Auer
Töpferei Knorr
Stahlwerk Coiplot
Immobilien Sahner
Wäscherei Schwartmann
Baufirma Negent
Gerüstebau Pollerhof
Institut Badorf

Beispiel für „Auto Niesegang“: Niesen und Gang

5 Produkte:

Lux Zahnpasta
Nille Eiskreme
Ökker Schokolade
Rieter Orangensaft
Seller Wein

Beispiel für „Lux Zahnpasta“: Der Luchs als Markenzeichen auf der Tube

5 Berge:

Ellerspring
Echkopf
Moritzberg
Donnersberg
Erlenkopf

Beispiel für „Ellerspring“: Elle und springen

5 Flüsse:

Glan
Zinsel
Kraichbach
Prims
Ruwer

Beispiel für den Fluss Glan: Klan (z. B. Ku-Klux-Klan)

Damit Ihnen nun die assoziierbaren Begriffe beim Behalten helfen, müssen Sie Folgendes tun: Nehmen wir an, Sie müssten zur Firma Niesegang mit der Adresse „Am Wolfsgraben". Dann stellen Sie sich einfach vor, wie Sie niesend einen Gang entlanggehen und plötzlich einen Wolf in einem Graben sehen. Wenn Sie dieses Bild vor Ihrem geistigen Auge aufgebaut haben, dann werden Sie sich noch nach Tagen daran erinnern, wie der Name der Firma und die Adresse lauteten. Das Gleiche gilt für Produkte. Wenn Sie sich vorstellen, wie ein Luchs durch diese Zahnpasta strahlend weiße Zähne bekommen hat, dann machen Sie es Ihrem Gedächtnis leicht. Noch ein letztes Beispiel für Namen von Bergen, denn das gleiche Prinzip gilt ja auch für alle weiteren Arten von Namen. Westlich von Mainz gibt es einen Berg mit dem Namen Ellerspring. Stellen Sie sich einfach vor, wie jeder, der diesen Berg besteigen will, vorher über eine Elle springen muss.

Wenn Sie diese Assoziationshilfen ab heute einsetzen, dann gibt es in Geographie, Geschichte, auf Reisen und im Geschäftsleben keine großen Probleme mehr mit Namen.

Frageseite

1. Wie machen Sie Personennamen assoziierbar?
2. Wie behalten Sie Namen aller Art?

Antwortseite

1. Sie wandeln Personennamen in ähnlich klingende vorstellbare Begriffe ab.
   (Wenn falsch: Abschnitt A)
2. Auch diese Namen werden assoziierbar gemacht (ähnlich wie bei Personennamen) und dann in einem Bild in Verbindung mit der Adresse, mit dem Berg oder Fluss usw. gebracht.
   (Wenn falsch: Abschnitt B)

Ideenliste

Übung 16

20 Personennamen:

Korke	–	Korken
Rabel	–	Rabe
Stum	–	Stumm
Bäuer	–	Bauer
Erkes	–	Erker
Alfer	–	Alpha (griech. Buchstabe)
Quicker	–	quick (engl. = schnell)
Kleier	–	Kleie
Reichelt	–	Reich
Frinks	–	Kardinal Frings
Heyne	–	Heinrich Heine
Sippold	–	Sippe und old (engl. = alt)
Beles	–	Pele (Fußballspieler)
Kripps	–	Grips
Geiser	–	Geysir
Stimeran	–	Stimme und ran
Jelinek	–	yellow und neck (engl. = gelb und Nacken)
Zeiselhofen	–	Zeisig und Hof
Klumm	–	Klumpen
Sistik	–	listig

Übung 17

20 Straßennamen:

Am Wolfsgraben	–	Wolf und Graben
An der Schlade	–	Schlaglade
Auelgasse	–	Paul und Gasse
Am Urbacher Wald	–	Der Urbach und Wald
Tuckerweg	–	tuckern und Weg

Im Jägergarten	–	Jäger im Garten
Fauststraße	–	Faust
Reuterstraße	–	Reiterstraße
Zur alten Fähre	–	die alte Fähre
Panzerweg	–	ein Weg mit Panzern
Kitschburger Straße	–	ein Apfelkitsch vor einer Burg auf der Straße
Oskar-Jäger-Straße	–	ein Jäger bekommt einen Oscar verliehen
Bahnhofsplatz	–	Platz am Bahnhof
An der Schleuterbach	–	schleudern und Bach
Charlottenstraße	–	der Mädchenname „Charlotte"
Wahner Straße	–	der Wahn
Breslauer Straße	–	Breslau
Am Stichel	–	Sichel
Röntgenstraße	–	Röntgen
Im Falkenhorst	–	der Horst eines Falken

10 Firmennamen:

Auto Niesegang	–	niesen und Gang
Detektive Kripps	–	Grips
Möbel Auer	–	die Aue
Immobilien Sahner	–	die Sahne
Wäscherei Schwartmann	–	die Schwarte und der Mann
Baufirma Nengel	–	Mängel
Töpferei Knorr	–	knarren
Stahlwerk Coiplot	–	Copilot
Gerüstebau Pollerhof	–	Poltern auf dem Hof
Institut Badorf	–	im Dorf baden

5 Produkte:

Lux Zahnpasta	–	der Luchs
Nille Eiskreme	–	Vanille
Ökker Schokolade	–	ockerfarben

Rieter Orangensaft	–	der Reiter trinkt Orangensaft
Seller Wein	–	to sell (verkaufen), Wein verkaufen

5 Berge:

Ellerspring	–	Elle und springen
Echkopf	–	der Kopf und Esche
Moritzberg	–	Moritz auf dem Berg
Donnersberg	–	es donnert auf dem Berg
Erlenkopf	–	Kopf und die Erle

5 Flüsse:

Glan	–	der Klan
Zinsel	–	Zins
Kraichbach	–	am Bach kreischen
Prims	–	Bimstein oder Priem
Ruwer	–	rufen oder der Rufer

8. Namen und Gesichter – Lernhemmungen und Informationseinheiten

A. Das Gesicht

Wenn Sie wollen, dass Sie ein Gesicht mit dem dazugehörigen Namen besser und länger behalten, dann ist es auf jeden Fall unerlässlich, dass Sie einen Blick für Gesichter bekommen. Solange Sie Menschen sehen, aber ihre Gesichter letztlich doch nicht gesehen haben, solange muss Ihr Gedächtnis einfach schlecht sein.

Damit Ihnen Gesichter ab heute mehr sagen als früher, werden Sie von jetzt an Gesichter nach einer Art Checkliste beobachten. Eine solche Checkliste analysiert ein Gesicht systematisch, angefangen bei den Kopfhaaren bis hinunter zum Kinn. Dazu müssen Sie sich einfach nur die folgenden Fragen stellen:

Wie sehen aus:

- die Kopfhaare?
- die Stirn?
- die Augen?
- die Nase?
- die Wangen?
- die Ohren?
- die Mundpartie?
- das Kinn?

Dazu ein Beispiel an dem folgenden Foto. Dort finden Sie meine Beschreibung für das Gesicht dieser jungen Dame. Da Beschreibungen auch den subjektiven Eindruck wiedergeben, kann es sein, dass Sie zum Teil etwas anderes aus dem Gesicht herauslesen als ich. Dennoch stimmen beide Beschreibungen, denn wichtig ist nur, dass Sie ein Gesicht aktiv gesehen haben.

Diese junge Dame hat mittelblonde volle Haare, in Locken gelegt. Die Stirn ist durch sie verdeckt, ebenso die Ohren. Die Augenbrauen sind etwas dunkler und schmal, die Augen selbst haben einen klaren Ausdruck und sind leicht mandelförmig. Die Nase ist gerade, der Mund hat volle Lippen, an der rechten Wange ist ein Grübchen zu sehen.

Diese junge Dame strahlt einen bestimmten Typ aus. Für mich persönlich ist dieser Typ entweder eine Friseuse oder die Besitzerin einer Boutique. Sie könnte aber auch in einer Parfümerie arbeiten.

Vielleicht erstaunt es Sie an dieser Stelle, dass ich zusätzlich zu der Beschreibung des Gesichtes auch noch einen Typ festlege. Sicher werden Sie sagen, die Einteilung in solche Typen ist falsch und stellt nur ein Vorurteil dar. Das ist sicher richtig, aber Ihr Gedächtnis ist immer darauf angewiesen, etwas Greifbares aus einem Menschen zu machen. Und wenn dieses Greifbare ein Rückschluss auf den Typ ist, obwohl Sie bisher nur das Gesicht gesehen haben, dann ist Ihnen Ihr Gedächtnis dankbar, und außerdem: Vorurteile sind nur dann gefährlich, wenn sie sich unbewusst einschleichen. Bewusste und gezielt aufgebaute „Vorurteile“ sind keine wirklichen, sie sind nicht gefährlich, denn Sie sind sich ja dessen bewusst.

Schauen Sie sich nun die Gesichter in Übung 18 an. Ich möchte Sie bitten, alle dortigen Gesichter nach unserer Checkliste zu beschreiben und immer abschließend so zu beurteilen, dass Sie sich für irgendeinen Typ entscheiden. Tun Sie so, als kämen all diese Personen zum Casting. Sie fragen sich: Für welche Rolle nehme ich welchen Typ? Dabei muss dieser Typ nicht zwangsläufig ein Beruf sein, er kann auch allgemein eine Charaktereigenschaft wiedergeben, indem Sie z. B. sagen: Das ist ein listiger Typ, das ist ein fröhlicher Typ, das ist ein miesepetriger Typ usw. Meine Typenvorschläge finden Sie wieder in der Ideenliste am Ende des Kapitels.

Übung 18

Namen und Gesichter (20 Beispiele)

Frau Raphael

Herr Wieser

Frau Wahlen

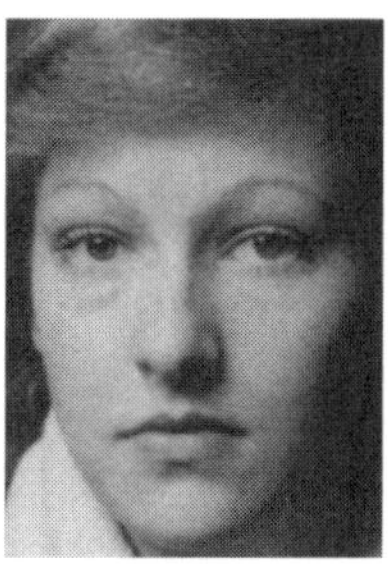

Frau Grohne

Herr Poler

Frau Greinhof

Frau Weilerwiz

Herr Graulich

Frau Schuhaus

Frau Baumgarten

Herr Steinhage

Frau Walza

Frau Lidzinger

Herr Sedelhalder

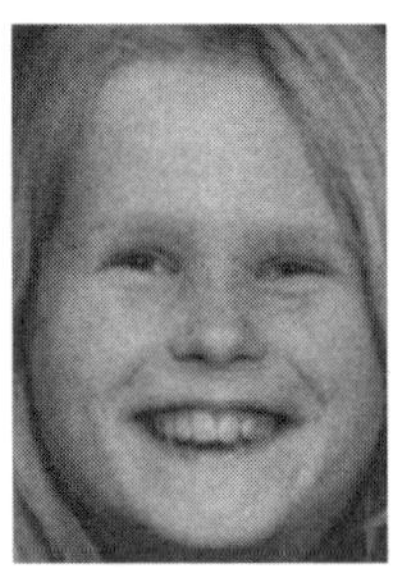
Frau Langendiehl

Frau Kleier

Frau Alfer

Herr Kaminski

Frau Weppen

Herr Hackländer

B. Der Name und das Gesicht

Der nächste Schritt ist nun, dass Sie lernen, ein Gesicht mit dem dazugehörigen Namen zu verknüpfen. Das ist gar nicht so schwer, wie Sie vielleicht meinen, denn Sie brauchen nur ein Wortpaar zu einem Bild zu verknüpfen. Dazu ein Beispiel: Nehmen wir an, die oben beschriebene junge Dame hätte den Namen „Müller". Müller ist, wie Sie aus Kapitel 7 wissen, ein vorstellbarer Name der ersten Gruppe, denn Sie kennen ihn bereits als Beruf. Der Typ auf unserem ersten Foto konnte als Friseuse beschrieben werden. Also stellen Sie sich ein Bild vor, wie ein Müller sich von einer Friseuse den Mehlstaub aus dem Haar waschen lässt. Versuchen Sie einmal, dieses Bild präzise zu sehen.

Wenn Sie später den Namen wieder abrufen, dann denken Sie einfach an die Szene im Friseurladen, wo Sie den Müller sehen. Dadurch kommt Ihnen der Name wieder ins Gedächtnis.

In unserem Beispiel haben wir den Namen Müller mit dem Typ der Person (Friseuse) in Verbindung gebracht. Es gibt aber auch noch eine andere Möglichkeit. Dazu müssen

Sie sich einen markanten Punkt aus dem Gesicht herausgreifen. In unserem Fall halte ich das Grübchen auf der rechten Wange für einen einprägsamen markanten Punkt. Stellen Sie sich einmal vor, wie ein Müller auf dieses Grübchen Mehl streut, weil es ihn stört, weil er es gerne verdecken möchte. Auch in diesem Falle wird es Ihnen leicht fallen, den Namen „Müller" wieder abzurufen, wenn Sie unsere junge Dame sehen, denn in der Praxis haben Sie sich ja nur deshalb für das Grübchen entschieden, weil es Ihnen als Erstes ins Auge fiel.

Damit Ihnen dieses Prinzip der Verknüpfung von Name und Gesicht noch etwas vertrauter wird, nehmen wir einfach einmal an, die junge Dame hieße nicht Müller, sondern Berendt. Dieser Name gehört laut Kapitel 7 zur Gruppe 4. Ändern wir diesen Namen ab, dann ergibt sich daraus „Bär" und „rennt". Verbinden Sie dieses Bild mit der Friseuse, dann müssen Sie sich vorstellen, wie ein Bär in den Friseurladen rennt, um sich dort frisieren zu lassen.

Wenn Sie den Namen mit dem markanten Punkt verknüpfen wollen, dann sähe dieses Bild so aus: Ein Bär rennt hinter dieser Dame her und seine Tatze berührt ihre Wange. Dadurch entsteht eine Vertiefung, die so ähnlich aussieht wie ein Grübchen.

Sie sehen also, der Fantasie sind keine Grenzen gesetzt.

Bitte versuchen Sie nun in dieser Art die Gesichter und Namen in Übung 18 zu verbinden. Dabei suchen Sie sich entweder einen markanten Punkt aus dem jeweiligen Gesicht oder Sie charakterisieren einen Typ. Egal wofür Sie sich entscheiden, Ihren Eindruck von dem Gesicht müssen Sie dann in irgendeiner Weise mit dem Namen verbinden.

Alle Namen lassen sich in ein brauchbares Bild bringen. Wenn Sie aber dennoch Schwierigkeiten haben sollten, dann schauen Sie in unserer Ideenliste nach.

C. Lernhemmung und Informationseinheiten

Nehmen wir an, Sie würden zehn Vokabeln lernen. Jede Vokabel verlangt von Ihrem Gehirn ein bestimmtes Minimum an geistiger Verarbeitung. Dieses Verarbeiten ist aber nicht eine Sache von nur einem Augenblick, sondern nimmt schon etwas Zeit in Anspruch. Aber inzwischen lernen Sie bereits die nächsten Vokabeln, so dass der Verarbeitungsmechanismus, der für die vorherige Vokabel noch wirkt, gestört wird. Der Lernvorgang jeder vorherigen Vokabel wird also durch die folgende Vokabel gehemmt; man spricht von einer retroaktiven (rückwirkenden) Lernhemmung. Umgekehrt stört aber auch die vorherige Vokabel das Verarbeiten der nächsten, da sich das Gehirn für die nächste zwangsläufig noch nicht voll einsetzen kann. Es ist nicht in der Lage, die vorherige Vokabel einfach zu ignorieren. Diesen Vorgang nennt man eine proaktive (vorauswirkende) Lernhemmung.

Untersuchungen zu diesen Lernhemmungen haben Folgendes gezeigt: Für das Lernen von 20 Vokabeln braucht man eine ganz bestimmte Zeit, nehmen wir einmal an, zehn Minuten. Nun sollte man meinen, dass man für das Lernen von 40 Vokabeln die doppelte Zeit braucht, also ungefähr 20 Minuten. Das stimmt aber nicht, denn in der Untersuchungsreihe haben Testpersonen 30 Minuten gebraucht, d. h. die dreifache Zeit. Bei 40 Vokabeln wirken sich die retro- und proaktiven Hemmungen wesentlich stärker aus als bei nur 20 Vokabeln. Daran sollten Sie denken, wenn Sie sich ein bestimmtes Lernpensum (Vokabeln, Telefonnummern, Mediadaten, Terminabläufe usw.) vornehmen und einteilen. Für ein doppeltes Lernpensum einfach nur die doppelte Zeit einzusetzen ist mit Sicherheit falsch! Die Lernhemmung tritt übrigens dann besonders stark auf, wenn Sie ähnliche Fächer hintereinander lernen, z. B. englische und französische Vokabeln. Untersuchungen haben auch gezeigt, dass sich ähnliche Fächer leichter überlagern und auslöschen.

In der Lerntheorie gibt es auch den Begriff der Information, wobei man darunter die Abweichung von der Erwartung versteht.

Beispiel: Deutschland spielt Fußball gegen England. Aufgrund der Mannschaftsaufstellung und der Berichte aus den Trainingslagern sind beide Teams in Hochform und darum die Gewinnchancen gleich. Infolge eines Defektes in der Stromleitung kann Familie Müller das Spiel weder im Radio noch im Fernsehen verfolgen. Da eilt plötzlich der Sohn des Nachbarn herbei und schreit lauthals: „Deutschland hat 2:1 gewonnen!“ Das ist für die Anwesenden eine wichtige Information. Eine Minute später kommt der Nachbar selbst und sagt dasselbe. Natürlich reagiert keiner mehr darauf, da ja alle das Ergebnis schon kennen. An diesem Beispiel ist zu ersehen, dass dieselbe Nachricht einen unterschiedlichen Informationswert haben kann, je nachdem, was man erwartet.

Bevor nämlich der Nachbarssohn eintraf, erwarteten alle mit gleicher Wahrscheinlichkeit einen Sieg der Deutschen oder der Engländer. Nach seiner Meldung war die Wahrscheinlichkeit der Erwartung für Deutschland 100 Prozent, da die Anwesenden ja das Ergebnis sicher kannten. Somit brachte die Nachricht des Vaters für sie keinen Informationsgewinn mehr.

Daraus kann man folgern, dass Information etwas ist, das eine bestehende Unsicherheit abbaut, also etwas Neues. Das Maß der Information ist ein Bit. Der Nachbarssohn hat also eine Informationsmenge von einem Bit geliefert, während die des Vaters null Bit betrug. Auch dann liegt keine Information vor, wenn Ihnen z. B. in der Schule nichts Neues, also nur Bekanntes gesagt wird, denn Bekanntes verhilft Ihnen nicht dazu, eine Entscheidung zwischen zwei gleich wahrscheinlichen Alternativen zu ermöglichen. In einem solchen Fall spricht man von der Redundanz einer Information, also der Vorhersagbarkeit.

Ein Mensch kann nur eine bestimmte Anzahl von Informationseinheiten pro Sekunde aufnehmen und verarbeiten. (Im Alter von etwa 15 bis 30 Jahren verkraften Sie ca. zehn Bit/Sekunde, vorher und später weniger.) Wenn nun beispielsweise ein Lehrer seine Schüler überfüttert, wenn er also zu viele Informationseinheiten pro Sekunde vermittelt, dann sind die Schüler überfordert und der Unterricht ist sehr unproduktiv, weil das Gehirn nur lückenhaft aufnimmt. Bringt er wesentlich weniger Informationseinheiten pro Sekunde, als es die Schüler verkraften können, dann nutzt er die Zeit nicht optimal; auch hier ist der Unterricht wieder unproduktiv und meistens auch langweilig. Gute Vermittler von Lernstoff gehen den goldenen Mittelweg, indem Sie den Unterricht zügig, interessant und verständlich darbieten.

Aber noch etwas sollten Sie wissen: Es gibt keinen Fall, in dem der Lernstoff, der vermittelt werden soll, 100-prozentig beim Schüler ankommt. Das kann daran liegen, dass sich der Vermittler nicht deutlich ausdrückt, dass zu schnell gesprochen wird oder dass der Schüler einfach nicht richtig hinhört. Diesen Fall nennt man „verloren gegangene Information". Zum anderen kennen Sie aber auch das Phänomen, dass der Zuhörende selbst Dinge hinzufügt, die nie gesagt wurden, die er nur vermutet oder die er meint, gehört zu haben. Diesen Fall nennt man „Rauschen". Rauschen ist also die Information, die der Zuhörende hinzufügt, von der er aber annimmt, sie sei ihm vermittelt worden. Auf diese Art und Weise entstehen die nur allzu gut bekannten Gerüchte. Beim Lernen ist es deshalb wichtig, die „verloren gegangene Information" und das „Rauschen" so gering wie möglich zu halten; und das erreicht man z. B. durch eine Lernkartei (siehe Teil II, Lerntechnik).

Frageseite

1. In welcher Art und Weise verarbeiten Sie ein Gesicht, das Sie sich merken wollen?
2. Wie verbinden Sie den Namen mit dem dazugehörigen Gesicht?
3. Welche zwei Arten von Lernhemmungen gibt es und was passiert, wenn ein Lehrer pro Sekunde zu viele oder zu wenige Informationseinheiten vermittelt?

Antwortseite

1. Sie beschreiben ein Gesicht nach einer Checkliste vom Scheitel bis zum Kinn. Anschließend kristallisieren Sie aus der betreffenden Person einen Typ heraus. Wenn Sie später etwas Übung haben, dann können Sie bereits einen Typ herauskristallisieren, ohne das Gesicht beschreiben zu müssen.
   (Wenn falsch: Abschnitt A)
2. Die Namen verknüpfen Sie entweder mit einem markanten Punkt des Gesichtes oder mit dem Typ, den Sie aus dem Gesicht herauslesen.
   (Wenn falsch: Abschnitt B)
3. Wenn Sie z. B. eine Reihe von Vokabeln lernen, dann stört jede vorangegangene Vokabel das Aufnehmen der nächsten (proaktive Hemmung). Ebenso stört jede weitere Vokabel das intensive Verarbeiten der vorhergehenden (retroaktive Hemmung).
   Bei einer überhöhten Anzahl von Informationseinheiten (Bit) pro Sekunde werden die Zuhörer überfordert und schalten ab. Bei zu wenigen Einheiten ist der Unterricht langweilig und unproduktiv.
   (Wenn falsch: Abschnitt C)

Ideenliste

Übung 18

Frau Raphael: Typ Verkäuferin in einer Parfümerie; stellen Sie sich vor, wie sie dem Maler Raphael Parfüm verkauft.

Herr Wieser: Lausbubentyp; stellen Sie sich vor, wie er auf der Wiese sehr viele Streiche ausheckt.

Frau Wahlen: Lange markante Haare; stellen Sie sich vor, wie sie bei politischen Wahlen immer ihre langen Haare aus dem Gesicht streichen muss, wenn sie sich vor der Wahlurne bückt.

Frau Grone: Typ einer Vorstandssekretärin; stellen Sie sich vor, wie ihr Chef durch ihre angenehme Ausstrahlung gekrönt wird (Grone = Krone).

Herr Poler: Seine Nase ist markant; sie ist wie ein ruhender Pol in seinem Gesicht.

Frau Greindorf: Sie könnte Verkaufsleiterin sein und verkauft in einem Dorf Reinigungsmittel.

Frau Weilerwiz: Sie könnte in einem abgelegenen Dorf leben (abgelegenes Dorf = Weiler) und dort sehr lustig sein, also zu Witzen aufgelegt.

Herr Graulich: Markant sind seine Geheimratsecken, die sich wie ein grauer Schatten durchs Haar ziehen.

Frau Schuhaus: Ein kameradschaftlicher, etwas burschikoser Typ; stellen Sie sich vor, wie sie in einem Schuhhaus Schuhe verkauft.

Frau Baumgarten: Sie könnte der Typ einer Kindergärtnerin sein; im Garten spielt sie mit den Kindern unter dem Baum.

Herr Steinhage:	Er könnte Staatsanwalt sein, der jemanden wegen übermäßigen Alkoholgenusses (Steinhäger) anklagt.
Frau Walza:	Sie erinnert an die 30er-, 40er-Jahre in Amerika; stellen Sie sich vor, wie sie dort in einem Film Walzer tanzt.
Frau Lidzinger:	Sie ist der Typ einer Bibliothekarin, die sehr auf Ruhe achtet. Sie schaut streng herüber, wenn jemand beginnt, ein Lied zu singen.
Herr Sedelhalder:	Er sieht aus wie ein Tüftler und Bastler und er hat eine Konstruktion entwickelt, mit der er den Rekord im Segeln halten kann.
Frau Langendiehl:	Sie ist ein sehr lustiges Mädchen mit langen Haaren, das in der Diele spielt.
Frau Kleier:	Sie könnte Arzthelferin sein, z. B. bei einem Tierarzt, und hat für diese Tiere immer die Taschen voller Kleie.
Frau Alfer:	Hier sind die Backenknochen und die Nase sehr markant; stellen Sie sich vor, wie Sie diese Nase und die Backenknochen durch griechische Buchstaben nummerieren; dabei beginnen Sie mit dem Buchstaben Alpha.
Herr Kaminski:	Er sieht aus wie ein Pastoranwärter, dessen Hobby Skifahren ist, und er lehnt seine Skier abends immer gegen den Kamin.
Frau Weppen:	Sie könnte ein Typ sein, der gerade in einer Schönheitskonkurrenz gewonnen hat, und als erster Preis wird ihr Gesicht in ein Wappen hineingraviert.
Herr Hackländer:	Er hat kurze Haare, die quasi abgehackt sind; das hat man mit ihm gemacht, weil er immer das Geländer der Treppen herunterrutscht.

9. Fremdwörter und Fachbegriffe – Motivation und Erfolgserlebnisse

A. Fremdwörter und Fachbegriffe

Für unsere Assoziationstechnik sind Fremdwörter und Fachbegriffe all die Wörter, die Ihnen zwar zzt. unbekannt sind, die aber in der deutschen Sprache mehr oder weniger häufig benutzt werden. Oft ist es dann sinnvoll, solche Wörter zu kennen. Wenn Sie zum Speichern solcher Begriffe wieder unsere Technik anwenden wollen, dann müssen Sie in der Lage sein, sich auch hier Bilder vorzustellen. Genauso wie Namen wandeln Sie die einzelnen Fremdwörter in ähnlich klingende, gut assoziierbare Begriffe um. Dazu ein Beispiel: „Golilla“ ist ein solches Fremdwort und bedeutet in der Übersetzung „steifer Kragen“. Wandeln Sie „Golilla“ in das Wort „Gorilla“ um. Diesen Gorilla bringen Sie dann zusammen mit der Übersetzung „steifer Kragen“ in einem Bild unter. Z.B. stellen Sie sich vor, wie ein Gorilla sich deshalb den steifen Kragen umbindet, weil er sich im Zoo bewerben will. Dieses Bild ist lustig und reizt Sie vielleicht zum Lachen.

Wenn Sie das Fremdwort „Golilla" später wieder abrufen wollen, dann geschieht das folgendermaßen: Sie wollen wissen, wie das Fremdwort zu steifer Kragen heißt. Denken Sie einfach an das Bild mit dem steifen Kragen, und schon sehen Sie auch den Gorilla. Sie wissen nun, „steifer Kragen" muss so ähnlich lauten wie „Gorilla", also fällt Ihnen „Golilla" ein. Umgekehrt funktioniert das Ganze genauso: Wenn ich das Wort „Golilla" sehe, muss ich sofort an den Gorilla denken, und dadurch fällt mir die Übersetzung „steifer Kragen" ein.

Bitte probieren Sie dieses Prinzip einmal in Übung 19 aus. Bei der anschließenden Kontrolle decken Sie zuerst die deutsche Übersetzung zu und versuchen sich an sie über das Fremdwort zu erinnern. Anschließend das Ganze umgekehrt. Eine Hilfestellung gibt Ihnen wieder die Ideenliste.

Übung 19

Fremdwörter (10 Stück)

Ketsch	–	zweimastiges Segelboot
Abdomen	–	Unterleib
Pallasch	–	schwerer Säbel
Systole	–	Zusammenziehung
Kolla	–	Leim
Notalgie	–	Rückenschmerzen
Protist	–	Einzeller
Mob	–	Pöbel
Buvette	–	Trinkstübchen
Asthenie	–	Kraftlosigkeit

Damit Sie in diesem Kapitel mit Fremdwörtern noch etwas Routine bekommen, können Sie in der gleichen Weise Übung 20 ausführen. Zur Hilfestellung gebe ich Ihnen zwei Beispiele:

Adria – Kammgarn: An der Adria kaufen Sie eine große Menge Kammgarn.

Stemma – Stammbaum: Ich stemme eine Papierrolle, auf der mein Stammbaum zu sehen ist.

Immer dann natürlich, wenn Sie ein Fremdwort auf seinen Ursprung zurückführen können oder auf ein verwandtes Wort innerhalb der eigenen Familie, bauen Sie sich eine solche Brücke. Dazu ein Beispiel: Phraseur – Schwätzer; hier würde ich ein Bild aufbauen, in dem ein Schwätzer Phrasen drischt, denn die Wörter „Phrase“ und „Phraseur“ gehören in dieselbe Familie von Begriffen. Es wäre unsinnig, sich hier ein ähnlich klingendes Wort auszudenken, das mit dem Fremdwort selbst nichts zu tun hat.

Übung 20

Fremdwörter (20 Stück)

Adria – Kammgarn
Basküle – Fenster- und Türverschluss
Epikrise – Beurteilung
Kabis – Kohl
Gustiös – appetitanregend
Idokras – Mineral
Infant – Knabe
Kerabau – Wasserbüffel
Madrepore – Löcherkoralle
Placitum – Gutachten
Okkupant – Besatzungsmacht
Rotüre – Nichtadeliger
Stemma – Stammbaum
Tendinitis – Sehnenentzündung
Uvula – Gaumenzäpfchen
Veloziped – Fahrrad
Zenit – Scheitelpunkt
Schimäre – Trugbild
Transept – Querschiff
Phraseur – Schwätzer

B. Motivation und Erfolgserlebnisse

Wenn Lernen Spaß macht, dann geht alles wie von selbst. Man fühlt sich dabei wohl und hat nicht im Geringsten das Gefühl, dass Lernen anstrengend ist. Wehe dem, der widerwillig lernt!

Damit Ihnen das Lernen etwas mehr Freude macht, ist es von Vorteil, dass Sie sich Ziele, Motive, Erwartungen und Interessen klarmachen. Dazu gebe ich Ihnen folgende Hilfen:

1. Überlegen Sie einmal, wer oder was Sie überhaupt veranlasst, etwas Bestimmtes zu lernen.
   - (Das können sein: Vorgesetzte, Ehepartner, Lehrer, Ehrgeiz, Wunsch nach Anerkennung, Neugierde usw.)
2. Machen Sie sich bewusst, welche Ziele Sie dadurch erreichen wollen, d. h., wie soll Ihr Endverhalten aussehen?
   - (Z. B. Sprachen sprechen lernen, in politischen Diskussionen mitreden können usw.)
3. Machen Sie vorgenommene Ziele für sich selbst interessant und beschreiben Sie, warum es sich für Sie lohnt, diese Ziele zu erreichen.
   - (Z. B. mehr Geld verdienen, dass die Arbeit weniger anstrengend ist, anderen zu helfen usw.)
   - Auf diese Art und Weise ändern Sie Ihre Anschauungsweise und sehen nicht mehr nur das Negative beim Lernen.
   - Für Schüler im Unterricht gibt es noch eine spezielle Motivationstechnik, die das Lernen beim Zuhören erleichtern soll. Diese Technik heißt TQ-3L-Methode. TQ-3L bedeutet Folgendes:

T = tune in (einstimmen)	Der Schüler soll sich seelisch auf den Unterricht einstellen und vorbereiten.
Q = Question (Frage)	Der Schüler soll sich im Unterricht mitteilen; er soll Fragen stellen, damit er aktiv in den Lernprozess einbezogen ist.

3 x L L = look at the speaker (Schau zu dem Sprecher)	Den Vortragenden anschauen! Wenn der Schüler den Lehrer anschaut, dann erlebt er die Gestik und Mimik des betreffenden Lehrers mit, wodurch ihm das Verständnis des Lehrstoffes wesentlich erleichtert wird.
L = listen (richtig hinhören)	Der Schüler sollte sich auf das konzentrieren (und damit auch geistig verarbeiten), was der Lehrer erklärt.
L = look over (umherschauen)	Da auch die anderen Schüler mit am Unterricht teilnehmen, hilft es beim Lernen sehr, auch auf die Schüler zu achten, die am Lernprozess beteiligt sind.

Damit ist die Motivationstechnik also grundsätzlich eine Methode, die Ihnen hilft, emotionale Widerstände, die Sie einem Lernstoff gegenüber haben, abzubauen.

Dazu gehört auch noch das Phänomen „Erfolgserlebnisse“. Wenn Sie etwas lernen, dann nehmen Sie sich nur so viel vor, wie Sie auch tatsächlich schaffen. Sie teilen also Ihren Lernstoff in kleine Schritte auf. Immer wenn Sie einen Schritt (z. B. immer nur 20 Vokabeln und nicht alle 100 auf einmal) gelernt haben, dann kontrollieren Sie ihn. Das Gefühl, diesen Schritt sicher erfasst zu haben, vermittelt Ihnen ein sehr wichtiges Erfolgserlebnis. Dieses Erfolgserlebnis motiviert Sie für den nächsten Schritt, dort erfahren Sie erneut ein Erfolgserlebnis usw. Wenn Sie aber Ihre Lernschritte zu groß ansetzen, dann besteht die Gefahr der Misserfolgserlebnisse, wodurch Ihre Motivation stark eingeschränkt wird, was sich in einer sinkenden Lernleistung äußert.

Frageseite

1. Wie speichern Sie Fremdwörter und Fachbegriffe?
2. Warum ist es besser, für einen bestimmten Lernstoff motiviert zu sein, und weshalb brauchen Sie beim Lernen Erfolgserlebnisse?

Antwortseite

1. Sie wandeln Fremdwörter und Fachbegriffe in ähnlich klingende Wörter ab und bringen diese zusammen mit der Übersetzung in einem Bild unter. Wenn Sie Fremdwörter auf Ihren Wortursprung oder auf ein Wort innerhalb der gleichen Familie zurückführen können, dann tun Sie es, denn eine solche Art von Assoziation ist besser, weil sie noch natürlicher ist.
   (Wenn falsch: Abschnitt A)
2. Wenn Lernen Spaß macht, dann ist Ihr Gedächtnis automatisch besser und das Lernen fällt Ihnen leichter. Lernen macht u.a. dadurch Spaß, dass Sie in gezielten Abständen Erfolgserlebnisse haben, wodurch Ihre Lernleistung steigt.
   (Wenn falsch: Abschnitt B)

Ideenliste

Übung 19

Auf einem zweimastigen Segelboot wird ein Sketch aufgeführt.

Dem Abt im Dom schmerzt der Unterleib.

Vor einem Palast stehen Wachen mit schweren Säbeln.

Jemand schießt mit der Pistole und ich zucke vor Schreck zusammen.

Coca-Cola ist so klebrig wie Leim.

Ich fröne der Nostalgie, ziehe ein altes Kostüm an und bekomme Rückenschmerzen.

Einzeller führen einen Protest durch.

Der Pöbel ist mit einem Mopp bewaffnet.

In einem Trinkstübchen sehe ich ein schönes Büfett.

Haste nie, dann bekommst du auch keine Kraftlosigkeit.

Übung 20

An der Adria wird Kammgarn gesponnen.

Fenster und Türen werden verschlossen, weil ein Opernsänger seinen Bass übt, der sich im kühlen Wind nicht verstimmen darf.

Ein Epileptiker ist in einer Krise und wird von Ärzten beurteilt.

Bei Kabis denken Sie einfach an Kappes, das ist in einem Dialekt das Wort für Kohl.

Bei Gustiös denken Sie einfach an Gusto.

Aus Idokras machen Sie ein krasses Idol und stellen sich vor, Sie hätten ein bestimmtes Mineral ganz krass zu Ihrem Idol gewählt.

Bei Infant denken Sie an infantil.

Wasserbüffel laufen durch einen Bau, hinterher muss ich alles sauber kehren.

Die Madre (Mutter) steht auf einer Empore und hat eine Löcherkoralle in der Hand.

Aus Placitum machen Sie Platz. Auf einem Platz wird ein Gutachten vorgelesen.

Okkupant führen Sie auf das lateinische „okkupare" zurück.

Ein Nichtadeliger kommt so in Stress, dass er im wahrsten Sinne des Wortes beginnt zu routieren.

Ich versuche meinen Stammbaum hochzustemmen.

Ich sitze auf dem Tender einer Lok und bekomme eine Sehnenentzündung.

Denken Sie bei Uvula an den Obolus, den Sie in ein Gefäß stecken, das die Form eines Gaumenzäpfchens hat.

Bei Veloziped denken Sie einfach an Velo (franz.: Fahrrad).

Bei Zenit denken Sie an die Zahl Zehn, die auf dem Scheitelpunkt geschrieben steht.

Ich sehe das Trugbild einer Schindermähre.

Bei Transept denken Sie an ein Konzept für irgendein Ereignis auf einem Querschiff.

Bei Phraseur denken Sie einfach an Phrase.

10. Daten und Fakten aller Art – Wahrnehmung und Kognition

A. Das große Zahlensystem

Von unserem kleinen Zahlensystem her (Kapitel 3) wissen Sie, dass Zahlen in Symbole umgewandelt werden müssen, damit Sie assoziierbar sind. Wenn Sie aber den Zahlen direkt Symbole zuordnen, dann werden Sie sehr bald Schwierigkeiten haben, genügend Symbole zu finden. Deshalb gehen wir bei dem großen Zahlensystem in diesem Kapitel einen ganz anderen Weg.

Jede nur erdenkliche Zahl besteht aus den Ziffern 0 bis 9, jedes Wort der deutschen Sprache aus den Buchstaben A bis Z. Würden wir nun den Ziffern von 0 bis 9 Buchstaben zuordnen, dann ließe sich jede Zahl in eine Buchstabenfolge übertragen. Allerdings bringt uns das noch nicht viel weiter, denn solche Buchstabenkombinationen würden in den seltensten Fällen ein vorstellbares deutsches Wort ergeben. Deshalb ordnen wir diesen Ziffern nur Konsonanten zu und erhalten damit für jede Zahl ein Konsonantengerüst. Wenn wir anschließend solche Gerüste an der richtigen Stelle geschickt mit Vokalen ausfüllen, dann wird jede Zahl zu einem plastischen vorstellbaren Begriff.

An dieser Stelle die Zuordnung von Ziffern und Konsonanten, der sog. Grundcode:

Grundcode:

0 – Z, S, C
1 – T, D
2 – N
3 – M
4 – R
5 – L
6 – CH, SCH, X
7 – J, G, K, CK, Q
8 – V, F, PF, W
9 – P, B

Nicht zugeordneter Konsonant: H.
Ebenfalls nicht zugeordnet werden alle Vokale: A, E, I, O, U und Y, ebenso Ä, Ö, Ü.

Besonderheit:

TT = 1
DD = 1
NN = 2 usw.

Für die Ziffer 0 nehmen wir den Buchstaben Z, denn das Wort „Zero" fängt mit Z an. Die Buchstaben S und C sind ähnliche Zischlaute und gehören auch noch zur 0. Die 1 ist ein T, denn beide haben einen senkrechten Balken. Hinzu kommt das D, denn es ist ja das sog. weiche T. Für die 2 nehmen wir ein N, denn das N hat zwei senkrechte Balken. Wenn Sie den Buchstaben M auf die Seite drehen, dann erinnert er an die Digitaldrei. Die 4 ist ein R, weil in dem Wort „vier" der letzte Buchstabe ein R ist. Die römische 50 ist ein L, deshalb nehmen wir für die 5 das L. In dem Wort „sechs" steckt das CH, klangähnlich ist das SCH, hinzu kommt das X, das ebenfalls in der Zahl 6 zu hören ist.

Mit etwas Fantasie sieht das J aus wie eine 7, die auf dem Kopf steht. Hinzu kommen als Buchstabenfamilie das G (hartes J, Justav und Gustav), das K (hartes G), das CK und der Buchstabe Q. Bei 8 und V denken Sie einfach an einen V–8-Motor. F und PF gehören klangmäßig zu dem V, ebenso mit etwas Fantasie das W. Wenn Sie das P nach links drehen, dann erinnert es an die 9, das B kommt noch hinzu, denn es ist das sog. weiche P.

Übrig bleibt als einziger Konsonant das H, das man meist sowieso nicht hört, da es oft nur zur Dehnung benutzt wird. Ebenso bedeuten alle Vokale (A, E, I, O, U und Y sowie Ä, Ö und Ü) keine Ziffern, sie sind dafür gedacht, die Konsonantengerüste so aufzufüllen, dass assoziierbare Begriffe entstehen.

Wenn Sie nun eine Zahl in Buchstaben übersetzen, dann bedeutet z. B. die Zahl

121	TNT
oder	TND
oder	DNT
oder	DND

In diesem Falle ergeben sich also vier Kombinationsmöglichkeiten.

Wenn Sie nun zu diesen Konsonanten noch Vokale hinzufügen, dann ergeben sich folgende Wörter:

121

TNT + A, E	–	Tante
DND + A, Y	–	Dandy
TND + A	–	Tand
TNT + I, E	–	Tinte

Nur einen dieser Begriffe brauchen Sie, um die Zahl 121 als Bild darzustellen. Dabei wählen Sie natürlich den Begriff aus, der am leichtesten vorstellbar ist, z.B. Tante oder Tinte. So einfach ist dieses Zahlensystem also. Es kommt nur noch eine kleine Besonderheit hinzu. Das Wort „Matte" z.B. bedeutet 31 und nicht 311, denn die Verdoppelung von Konsonanten wie TT oder MM (z.B. Lamm) bedeutet nur ein Mal die entsprechende Ziffer. Wenn Sie die Zahl 311 ausdrücken wollen, dann müssen Sie zwischen den beiden Konsonanten TT, DD oder TD einen Vokal setzen. Beispiel: „Methode" bedeutet 311, denn das T und D sind durch den Vokal O getrennt.

Bitte üben Sie nun das Umsetzen von Zahlen in Wörter (Lösung S. 132, „Ideenliste"). Was ist:

12
36
74
95
147
315
740
957

(In einigen Fällen ergeben sich wieder mehrere Lösungsmöglichkeiten. Versuchen Sie so viele wie möglich zu finden.)

B. Die Kennwörter unseres Zahlensystems

Oft ist es so, dass Sie nicht genügend Zeit haben, sich in Ruhe ein plastisches Wort für eine Zahl auszudenken und vorzustellen. Deshalb habe ich für Sie bereits gute Symbole (sog. Kennwörter) für die Zahlen von 0 bis 100 und für die Zahlen von 00 bis 09 zusammengestellt.

Die 112 Kennwörter unseres Zahlensystems:

0 – Hose
1 – Tee
2 – Noah
3 – Oma
4 – Reh
5 – Leo (Löwe)
6 – Schuh
7 – Kuh
8 – Pfau
9 – Bau
10 – Dose
11 – Tod
12 – Ton
13 – Dom
14 – Teer
15 – Diele
16 – Tisch
17 – Teig
18 – Topf
19 – Taube
20 – Nase
21 – Niete
22 – Nonne
23 – Name
24 – Nero
25 – Nil
26 – Nische
27 – Nicki
28 – Napf
29 – Nabe
30 – Maus
31 – Matte
32 – Mine
33 – Mumie
34 – Meer
35 – Maul
36 – Masche
37 – Mücke
38 – Mofa
39 – Mop
40 – Rose
41 – Rute
42 – Rinne
43 – Ramme
44 – Rohr
45 – Rolle
46 – Rache
47 – Rock
48 – Riff
49 – Rippe
50 – Lasso
51 – Latte
52 – Leine
53 – Lamm
54 – Lore
55 – Lilie
56 – Leiche
57 – Liege
58 – Lava
59 – Lippe
60 – Schuss
61 – Schutt
62 – Schiene
63 – Schaum
64 – Schere
65 – Schal
66 – Scheich
67 – Scheck
68 – Schiff
69 – Scheibe
70 – Käse
71 – Kette
72 – Kanne
73 – Kamm
74 – Karre
75 – Kohle
76 – Koch
77 – Geige
78 – Kaffee
79 – Kappe
80 – Fass
81 – Pfote
82 – Pfanne
83 – Vim
84 – Feier
85 – Feile
86 – Fisch
87 – Feige
88 – Pfeife
89 – Vopo
90 – Bus
91 – Boot
92 – Bahn
93 – Baum
94 – Bär
95 – Ball
96 – Busch
97 – Backe
98 – Puff
99 – Popo
100 – Dosis
00 – Soße
01 – Saite
02 – Sonne
03 – Same
04 – Säure
05 – Säule
06 – Seuche
07 – Sack
08 – Sofa
09 – Sieb

Aus diesen Kennwörtern lässt sich jede beliebige Zahl zusammenstellen. Nehmen wir einmal die beiden Telefonnummern 5 32 67 und 18 26 34. Beide Zahlen teilen Sie einfach in drei Teile auf:

5 – 32 – 67 – 18 – 26 – 34

Daraus ergeben sich folgende Symbole

5 – 32 – 67/Leo – Mine – Scheck
18 – 26 – 34/Topf – Nische – Meer

Wenn Sie diese Kennwörter als Kette hintereinander verknüpfen, dann ergibt sich folgendes Bild: Herr Müller – Telefon: 5 32 67. Herr Müller im staubigen Kittel hat beim Telefonieren auf seinem Schreibtisch einen holzgeschnitzten Leo (Löwen) stehen. Er macht sich beim Telefonieren mit einer Mine (Kugelschreiber) Notizen und schreibt anschließend einen Scheck aus.

Herr Tanner – Telefon 18 26 34. Herr Tanner (denken Sie an eine Tanne) stellt nach seinem Telefonat einen Topf in eine Nische und geht anschließend im Meer schwimmen.

Soweit zwei Beispiele, um Ihnen zu zeigen, wie mehrstellige Zahlen durch eine Verkettung von Kennworten bildlich dargestellt werden können.

C. Daten und Fakten einer Firma

Nehmen wir an, Sie würden in einer Firma eine Stellung neu antreten. Dann wissen Sie ja aus Erfahrung, dass Sie mit einer großen Zahl neuer Fakten konfrontiert werden, die Sie sich möglichst schnell einprägen sollten. Diese Daten und Fakten können z. B. so aussehen: Unsere Firma hat 16 Kantinen, um

Zehn Uhr ist Frühstück, wir stellen 13 verschiedene Fahrzeugtypen her usw. Je schneller Sie sich diese Daten einprägen, desto leichter werden Sie es in Ihrer neuen Stellung haben.

Mit unseren Kennwörtern ist das Einprägen dieser Fakten kein Problem. Stellen Sie sich einfach Folgendes vor: Unsere Firma hat 16 Kantinen: Sie sehen eine Reihe von Kantinen nebeneinander, in denen viele Tische stehen. Um zehn Uhr ist Frühstück: Die Angestellten holen ihr Frühstück aus einer Dose, im Hintergrund ist eine Uhr zu sehen (damit sie wissen, dass es um die Uhrzeit geht und nicht um die Anzahl der Angestellten, die frühstücken).

Wir stellen 13 verschiedene Fahrzeugtypen her. Die fertig produzierten Fahrzeuge werden in einem Dom abgestellt.

Bitte machen Sie jetzt auf diese Art und Weise Übung 21. Weitere Vorschläge für die Bilder stehen in der Ideenliste. Die Kennwörter dürfen Sie dabei nachschlagen.

Übung 21

11 Daten der Firma Umsatz & Co.

Unsere Firma hat 16 Kantinen.
Um zehn Uhr ist Frühstück.
Das höchste Gebäude hat 14 Treppen.
Am 20. d. M. ist eine Besprechung beim Chef.
Wir stellen 13 verschiedene Fahrzeugtypen her.
Wir haben 11 Tochterfirmen.
Der jüngste Angestellte ist 18 Jahre alt.
Wir haben 15 Lastwagen im Betrieb.
Wir haben 19 Sicherheitsbeamte im Werk.
Nach 17 Dienstjahren ist man pensionsberechtigt.
Der Chef hat zwölf Pferde.

Dose

Hier noch einige Tipps, damit Sie die Daten einer Firma präziser speichern können. Immer wenn es um ein Datum geht, z. B. das Gründungsjahr der Firma oder den Tag, an dem immer die Konferenz einberufen wird, usw., dann sehen Sie in Ihrem Bild einen Jahreskalender. Geht es um Uhrzeiten, dann stellen Sie sich zusätzlich noch eine Uhr vor (wie in dem Bild „zehn Uhr Frühstück"). Geht es um Entfernungen, also um Kilometerangaben, dann müssen Sie einen Kilometerstein mit in Ihr Bild einbauen. Bei Prozentangaben genügt es schon, wenn Sie das Zeichen für Prozent vor Ihrem geistigen Auge sehen. In allen Fällen benutzen Sie aber immer unsere Kennwörter, auch wenn Sie sich z. B. die Zahl „3,5 Prozent" merken müssen. Ihr Bild ist das Symbol „Maul" für die Zahl 35, denn ob es sich um 35 Prozent, um 3,5 Prozent oder um 0,35 Prozent handelt, das können Sie ohne Methode in den meisten Fällen unterscheiden.

Bitte machen Sie jetzt Übung 22. Auch in der folgenden Übung gehe ich nicht davon aus, dass die Kennwörter bereits in Ihrem Gedächtnis verankert sind.

Übung 22

20 Daten der Firma Umsatz & Co.

Am 30. bekommen wir einen neuen Mitarbeiter.

21 Prozent der Angestellten sind momentan krank.

40 Euro kostet eine innerbetriebliche Monteurstunde.

Der älteste Lehrling ist 24 Jahre alt.

Am 23. haben wir eine Konferenz.

Wir brauchen am Tag 29 Kubikmeter Sauerstoff.
3,4 Prozent des Umsatzes gehen in die Werbung.
25 Sekretärinnen arbeiten in den oberen Etagen.
Wir haben 22 Ingenieure.
38 Techniker arbeiten bei uns.
Am 27. wird der Vorstand eine Rede halten.
Zzt. sind 33 Firmenwagen in Reparatur.
Die Firma existiert seit 26 Jahren.
28 Kilometer ist die nächste Niederlassung entfernt.
31 Personen arbeiten in der Forschung.
Mein Büro hat 36 Quadratmeter.
39 Prozent der Gebäude der Firma sind gemietet.
35 Millionen Euro hat das neue Gebäude gekostet.
In meiner Abteilung arbeiten 32 Personen.
Zu meinem 37. Geburtstag habe ich alle Kollegen eingeladen.

D. Wahrnehmung und Kognition

In der Psychologie gibt es die beiden Begriffe „Wahrnehmung“ und „Kognition“. Unter Wahrnehmung versteht man den Fall, wenn die Sinnesorgane gereizt werden (z.B. das Auge) und dadurch im Gehirn ein Abbild der Umwelt geschaffen wird. Weitere innere Vorgänge werden dabei nicht mehr beachtet. Die Kognition dagegen ist noch einiges mehr. Bei ihr erkennt der Mensch als denkendes Wesen das, was über seine Sinne an Information in sein Gehirn dringt. Er kann darüber urteilen, er kann diese Information mit Erfahrungen, die in seinem Gedächtnis gespeichert sind, vergleichen. Weiterhin kann er dadurch sein Verhalten ändern, er kann also lernen. Damit ist die Wahrnehmung der Anfang einer Kette, die als Kognition bezeichnet wird. Wenn nun ein Mensch lernt, dann bedingt das, dass er zuerst einmal Fakten aus der Umwelt wahrnimmt. Dass es ohne diese Voraussetzung nicht gehen kann, zeigt die folgende Anekdote:

In einer Fabrik in Bukarest war am Schwarzen Brett Folgendes zu lesen: „Arbeiter, besucht unsere Abendkurse, damit ihr schreiben und lesen lernt!“

Hat ein Mensch über seine Sinnesorgane Informationen aus der Umwelt aufgenommen, dann beginnt ein komplizierter Verarbeitungsprozess, bevor entschieden wird, in welcher Ecke des Gehirns diese Informationen abgelegt werden und welche Konsequenzen daraus gezogen werden sollen.

Frageseite

1. Was ordnet man im großen Zahlensystem einander zu und warum?
2. Warum werden Kennwörter aufgestellt?
3. Was tun Sie mit den Kennwörtern?
4. Wie heißt die Bezeichnung für die Verarbeitung von Informationen?

Antwortseite

1. Buchstaben werden Ziffern zugeordnet.
   Dadurch lassen sich relativ schnell und einfach Zahlenbilder finden.
   (Wenn falsch: Abschnitt A)
2. Damit Sie nicht mehr die einzelnen Zahlenbilder über den Grundcode zusammensetzen müssen, was in manchen Situationen zu viel Zeit kostet.
   (Wenn falsch: Abschnitt B)
3. Ich setze sie anstelle der Zahl in mein Bild hinein.
   (Wenn falsch: Abschnitt C)
4. Der Fachausdruck ist „Kognition".
   (Wenn falsch: Abschnitt D)

Ideenliste

Lösungen für die Übung auf Seite 123
(hier immer nur ein Vorschlag)
12 – Ton
36 – Masche
74 – Karre
95 – Ball
147 – Trog
315 – Modell
740 – Kreis
957 – Block

Übung 21

Ich sehe Kantinen mit vielen Tischen.

Ich hole das Frühstück aus der Dose, im Hintergrund ist eine Uhr.

Die Treppen des höchsten Gebäudes sind mit Teer beschmiert.

Der Chef in der Besprechung hat eine markante Nase.

Die hergestellten Fahrzeuge werden im Dom abgestellt.

Über einigen Tochterfirmen steht der Tod.

Der jüngste Angestellte sitzt auf einem Topf.

15 Lastwagen parken in der Diele.

Die Sicherheitsbeamten tragen als Erkennungsmerkmal eine Taube.

Nach 17 Dienstjahren fühle ich mich wie ein durchgekneteter Teig und pensionsreif.

Der Chef hat zwölf Pferde aus Ton.

Übung 22

Der neue Mitarbeiter bekommt eine Maus geschenkt.

Die kranken Angestellten sind Nieten.

In der Lohntüte des Monteurs ist eine Rose.

Der älteste Lehrling sieht aus wie Nero.

Bei der Konferenz trage ich meinen Namen in eine Liste ein.

Der Sauerstoff wird an einer Nabe entlang geblasen.

Das Geld für die Werbung wird über das Meer verschifft.

Die Sekretärinnen können den Nil sehen.

Die Ingenieure sind mit Nonnen verheiratet.

Die Techniker fahren auf Mofas umher.

Der Vorstand hält einen Nicki in der Hand.

In jedem Firmenwagen liegt eine Mumie.

Ein Modell der Firma steht in einer Nische.

Auf dem Weg zur nächsten Niederlassung sehe ich an einem Kilometerstein einen Napf.

Die Personen in der Forschung arbeiten auf einer Matte.

Auf dem Boden meines Büros liegt ein Maschendraht.

Die gemieteten Gebäude werden mit einem Mopp gesäubert.

Das neue Gebäude hat wie ein gefräßiges Maul Geld geschluckt.

Die arbeitenden Personen in meiner Abteilung schreiben mit Minen.

Zu meinem 37. Geburtstag bekomme ich von allen Kollegen eine Mückensammlung geschenkt.

11. Lateinische, englische, französische und spanische Vokabeln

Donnerwetter!

Bevor wir mit Vokabeln starten, möchte ich Sie noch einmal testen, wie gut Sie Wortpaare behalten. Es handelt sich in der folgenden „Sonderübung" um gemischte Wörter wie Hauptwörter, Zeitwörter, Eigenschaftswörter.

Es ist außerordentlich wichtig, dass Sie diese Sonderübung erst einmal machen. Gehen Sie erst dann zu den Vokabeln über.

Bitte assoziieren Sie jetzt folgende Übung:

5

Sonderübung, 40 Begriffe gemischt – 5 Minuten

Tischdecke	–	Mantel
Cousine	–	prima
teuer	–	Caro
Papier	–	Pappel
Unterschrift	–	Firma
Schwanz	–	Cola
beide	–	Amboss
Grundstück	–	solar
tapfer	–	bravo
Engel	–	Angel
Affe	–	mono

bemerken	–	Notar
übel	–	Mahl
Hauptstadt	–	Capital
Reihe	–	Orden
lesen	–	leer
Sand	–	Arena
Rose	–	rosa
Decke	–	Manta
grau	–	Grieß

Hat doch geklappt, nicht wahr? Aber … was ich Ihnen vorher nicht verraten habe, ist, dass Sie in Wirklichkeit 20 spanische Vokabeln gelernt haben – über einfache Bilder. Ich werde es Ihnen sofort beweisen, bitte schauen Sie unten und auf der nächsten Seite nach.

Hier sind sie, Ihre spanischen Vokabeln. Erstaunlich, nicht wahr? Und genauso leicht geht das Lernen mit allen Vokabeln.

20 spanische Vokabeln

el mantel	–	Tischdecke
la prima	–	Cousine
caro	–	teuer
el papel	–	Papier
la firma	–	Unterschrift
la cola	–	Schwanz
ambos	–	beide
el solar	–	Grundstück
bravo	–	tapfer
el angel	–	Engel
el mono	–	Affe
notar	–	bemerken
mal	–	übel

la capital	–	Hauptstadt
el orden	–	Reihe
leer	–	lesen
la arena	–	Sand
la rosa	–	Rose
la manta	–	Decke
gris	–	grau

Das Assoziationsprinzip für Vokabeln ist das gleiche wie für Fremdwörter und Fachbegriffe. Sie wandeln die Vokabel in ein ähnlich klingendes Wort um und verknüpfen es in einem Bild mit der Übersetzung. Dazu zwei Beispiele einer lateinischen Vokabel:

pendere – hängen, ein Pendel hängt an der Wand; oder
cubare – liegen, eine Kuh liegt auf der Bahre.

Bitte assoziieren Sie auf diese Art Übung 23. Ideen für diese und die folgenden Übungen stehen wieder in der Ideenliste.

Übung 23

10 lateinische Vokabeln

pendere	–	hängen
parum	–	zu wenig
putare	–	glauben
cubare	–	liegen
opera	–	Tätigkeit
iratus	–	erzürnt
potestas	–	Macht
alter	–	der andere
cupere	–	wünschen
vinculum	–	Fessel

Bei englischen, französischen und spanischen Vokabeln haben Sie immer zwei Möglichkeiten, die ähnlichen Begriffe zu finden. Entweder leiten Sie vom Schriftbild ab (z. B. wall – Wand, daraus machen Sie den Wall) oder aber Sie leiten vom Klangbild her ab (z. B. roof – Dach, daraus machen Sie den Ruf).

Machen Sie jetzt bitte Übung 24. Vorher aber noch ein Beispiel: to ret – rösten, jemand röstet in der Sonne und wird ganz rot (red).

Übung 24

10 englische Vokabeln

dial	–	Sonnenuhr
dick	–	Schutzmann
flank	–	Weiche
to jabber	–	plappern
elector	–	Wähler
nick	–	Kerbe
to resume	–	wiederaufnehmen
to ret	–	rösten
leash	–	Leine
to collate	–	vergleichen

In der nächsten Übung versuchen Sie bitte französische Vokabeln zu assoziieren.

Auch dazu ein Beispiel: le gâteau – Kuchen, ich esse in einem Getto Kuchen.

Übung 25

10 französische Vokabeln

décréter	–	beschließen
la flèche	–	Pfeil
le cristal	–	Kristall
la paume	–	innere Handfläche
jongler	–	gaukeln
le gâteau	–	Kuchen
le delai	–	Aufschub
la partie	–	Teil
reprendre	–	zurücknehmen
le vase	–	Vase

Zum Schluss noch eine Übung mit spanischen Vokabeln. Hier möchte ich Ihnen für das Wort „copa“ – Gläschen – eine Hilfe geben. Stellen Sie sich vor, wie Sie ein Original-Gläschen kaufen wollen, aber stattdessen eine Kopie verkauft bekommen.

Übung 26

10 spanische Vokabeln

el libro	–	Buch
la mesa	–	Tisch
el nombre	–	Name
la carta	–	Brief
el sillon	–	Sessel
la copa	–	Gläschen
la botella	–	Flasche
la puerta	–	Tür
el cenicero	–	Aschenbecher
el alumno	–	Schüler

Frageseite

Welche zwei Möglichkeiten haben Sie, von Vokabeln ähnliche Begriffe abzuleiten?

Antwortseite

Sie können vom Klangbild oder vom Schriftbild her ableiten. (Wenn falsch: Abschnitt A)

Ideenliste

Übung 23

10 lateinische Vokabeln

pendere: Ein Pendel hängt an der Wand.
parum: Ein paar Flaschen Rum sind zu wenig.
putare: Der Puter glaubt immer noch, dass er Weihnachten am Leben bleibt.
cubare: Eine Kuh liegt auf der Bahre.
opera: Ich habe eine Tätigkeit bei der Oper. Oder: die Operation
iratus: Ein „Piratus" ist erzürnt.
potestas: Ich übe vom Podest herunter Macht aus.
alter: die Alternative
cupere: Ich wünsche mir einen Minicooper.
vinculum: Ein Winkel z. B. aus Stahl ist irgendwo festgebunden.

Übung 24

10 englische Vokabeln

dial: eine Digitalsonnenuhr
dick: ein dicker Schutzmann
flank: die Flanke
to jabber: klingt schon so ähnlich wie plappern
elector: ein Elektrogerät, das Wählerstimmen zählt
nick: Ich mache eine Kerbe in ein Stück Holz und nicke dabei befriedigt.
to resume: von Resümee
to ret: Jemand röstet in der Sonne und wird red (rot).

leash:	Ich halte die Leine sehr lasch.
to collate:	Ich vergleiche die Einzelstücke einer „Collage“.

Übung 25

10 französische Vokabeln

décréter:	ein Dekret (Beschluss)
la flèche:	Ein Pfeil verfängt sich in Flechten.
le cristal:	wie Kristall
la paume:	Auf meiner inneren Handfläche liegt eine Pflaume.
jongler:	Ein Jongleur gaukelt uns etwas vor.
le gâteau	Ich esse im Getto Kuchen.
le delai:	vom englischen „delay“ her ableiten
la partie:	der Part (Teil)
reprendre:	von prendre (nehmen) und re (zurück)
le vase:	wie Vase.

Übung 26

10 spanische Vokabeln

el libro:	vom französischen „livre“
la mesa:	In der Mensa steht ein Tisch.
el nombre:	Anstatt eines Namens habe ich eine Nummer.
la carta:	In einem Brief verschicke ich eine Karte.
el sillon:	Im Sessel halte ich ein Silentium ab.
la copa:	Ich kaufe ein Gläschen, aber es ist eine billige Kopie.
la botella:	vom englischen „bottle“
la puerta:	von Porta (Westfalica)
el cenicero:	ein Hund: mit den Zähnen zerren an einem Aschenbecher
el alumno:	von alumnus (der Schüler)

12. Adressen, Daten, Textraster, schwierige Texte – Lerntheorien

A. Adressen

Nachdem Sie bereits Namen aller Art und Zahlen assoziiert haben, werden Ihnen die folgenden zwei Übungen mit Adressen keine großen Schwierigkeiten bereiten.

Dazu ein Beispiel (siehe unten): Bei dem Namen „Peters“ denken Sie einfach an einen Beter, der in einem Garten neben einem Jäger sitzt. Durch diesen Garten führen Schienen (62).

Bitte assoziieren Sie jetzt in dieser Art und Weise Übung 27. Weitere Ideen stehen in der Ideenliste.

Übung 27

5 Adressen

Peters, Am Jägergarten 62
Gossen, Auf der Fuchskaul 70
Balcke, Kitschburger Straße 52
Weber, Berliner Straße 56
Zierer, Im Falkenhorst 79

Bitte assoziieren Sie in der gleichen Weise Übung 28.

Übung 28

10 Adressen

Michel, Holzweg 51
Baumann, Am Stichel 77
Grohs, Wahner Straße 75
Vierkotten, Zur alten Fähre 65
Jockel, An der Schleuterbach 55
Kammerer, Röntgenstraße 78
Diehl, Barbarossastraße 57
Dreesen, Auf dem Steinacker 72
Ameln, Fauststraße 63
Clever, Auelgasse 71

B. Daten einer Firma

In der Übung 29 stehen noch einmal Daten einer Firma, die Sie sich mithilfe unseres Zahlensystems merken sollen. Sie können diese Übung als eine Generalprobe ansehen, um festzustellen, wie sattelfest Sie bereits in der Assoziationstechnik sind. Auch hierzu stehen wieder Bildbeispiele in unserer Ideenliste.

Übung 29

30 Daten einer Firma

Wir beschäftigten 51 Vertreter.
Wir unterhalten 45 Büros.
61 Prozent der Arbeiter haben Kinder.

Unser Katalog hat 50 Seiten.

Wir beschäftigen 44 Gastarbeiter.

42 Werkstraßen hat unser Gelände.

66 Prozent der Arbeiter sind verheiratet.

Wir haben insgesamt 60 Gebäude.

Zzt. sind 54 Leute krank.

Wir haben 70 freie Mitarbeiter.

Leistungen aus dem dritten Vermögensbildungsgesetz zahlen wir bis zum 46. Lebensjahr.

Als Krankenpflegepersonal beschäftigen wir 67 Personen.

Letztes Jahr hatten wir 48 Unfälle.

Wir beschäftigten 52 Griechen.

Die Hausnummer der Firma ist 57.

63 Personen steht ein Dienstwagen zu.

In 49 verschiedenen Zeitungen und Zeitschriften werben wir.

Letztes Jahr haben wir 41 Seminare abgehalten.

Wir produzieren 68 Wagen pro Stunde.

65 Köche arbeiten in den Kantinen.

Wir liefern in 53 Länder.

Wir beschäftigten 43 Italiener.

6,9 Prozent vom Umsatz gehen in die Werbung.

59 Personen sind in der Forschung tätig.

Unser Umsatz beträgt 47 Millionen Euro im Monat.

55 Personen arbeiten im Vorstandsstab.

Wir haben 58 Zulieferanten für Einzelteile.

62 sanitäre Anlagen befinden sich auf dem Gelände.

Wir haben 64 leitende Angestellte.

Bei uns arbeiten 56 Asiaten.

C. Texte und Textraster

Es gibt Fälle, in denen Texte relativ schwierig zu überschauen sind. Hier müssen Sie mehr für Ihr Gedächtnis tun, als sich nur den Inhalt des Textes bildlich vorzustellen. Schreiben Sie sich die wichtigsten Punkte heraus. Diese ordnen Sie dann in eine Art Raster, um die einzelnen Abläufe oder Beziehungen in einem Text klar und deutlich aufgliedern zu können. Bitte schauen Sie sich einmal das folgende Beispiel an. Hier ist ein Teil des Textes aus Übung 15 (die Entwicklung der Uhr) einem Raster ähnlich aufgegliedert. Ich empfehle Ihnen ein solches Raster immer dann, wenn in einem Text Beziehungen auftreten, die nur schwer zu überschauen sind.

Textraster zu dem Text „Die Entwicklung der Uhr" aus Übung 15:

(Früheste Uhren) → ein Zeiger bewegt sich → täglich Minuten falsch
Gewichtsbalken

(Pendel) → wesentlich genauer
↓
(bessere Hemmungen) besseres Pendel
↓
Quecksilberpendel
↓
Messing-Stahl-Pendel
↓
(Atm. Druckausgleich) fast freies Pendel
↓
freies Pendel
↓
vibrierende Cäsiumatome
↓
vibrierende Quarzkristalle → alle 3000 Jahre 1 Sekunde falsch

(wesentlich genauer ↓ immer genauere Zeitmessung ↓ alle 3000 Jahre 1 Sekunde falsch)

(Als Variante eignet sich auch eine Mind Map.)

Zum Abschluss dieses Kapitels noch ein ziemlich schwieriger Text (der fast nur aus Aufzählungen besteht), der aber mit unserer Technik recht gut zu bewältigen ist. Es handelt sich ausschließlich um eine Aufzählung von Firmen, für die das Autoleasing infrage kommt. Da dieser Text von allen bislang behandelten Texten den größten Schwierigkeitsgrad hat, sollen Sie ihn für den Bereich „Texte“ als Generalprobe ansehen.

Sie kommen mit diesem Text dann sehr gut zurecht, wenn Sie folgendermaßen vorgehen: Stellen Sie sich einfach vor, Sie würden jemanden in Ihrer Firma oder in einer erdachten Firma herumführen und dabei die einzelnen Gebäudehallen und Produktionszweige zeigen. Während dieser Führung tauschen Sie die tatsächlichen Gebäude gegen die einzelnen Bereiche in Ihrem Text aus. Dabei ist das Produktionsunternehmen Ihre eigene Firma, als Dienstleistungsunternehmen stellen Sie sich einfach in einem Gebäude eine Vermögensberatungsgesellschaft vor, damit Sie sich wieder an das Dienstleistungsunternehmen erinnern. Ein Teilbereich dieser Vermögensberatungsgesellschaft ist auf Versicherung spezialisiert; damit haben Sie bereits den dritten Punkt gespeichert usw. In dieser Art und Weise verändern Sie Ihre Firma systematisch und lassen diese Veränderungen vor Ihrem geistigen Auge ablaufen. Dabei können Sie diese Firma sowohl aus der Vogelperspektive als auch aus der Froschperspektive sehen.

Eine weitere Möglichkeit besteht darin, statt der Firma eine Geschäftsstraße zu sehen, in der Sie dann systematisch die gewünschten Punkte unserer Texte unterbringen. Darüber hinaus können Sie sich natürlich auch vorstellen, wie Sie über eine Landkarte fliegen und dabei die Bereiche unseres Textes sehen, die für Autoleasing infrage kommen, usw.

Bitte nehmen Sie nun die Möglichkeit, die Ihnen am sympathischsten ist, und stellen Sie sich den Text systematisch vor. Diesmal finden Sie keine weiteren Anregungen in unserer Ideenliste, weil ich Ihnen das Wichtigste bereits gesagt habe.

Übung 30

Marketingtext – Welcher Autokunde kommt für Leasing infrage?

- Produktionsunternehmen mit eigenem Vertriebs- und Service-Außendienst
- Dienstleistungsunternehmen
- Versicherungen
- Warenartikelunternehmen
- Großhandlungen mit Außendienst
- Unternehmen mit einem größeren Filialnetz
- Selbstständig arbeitende Filialen
- Generalvertretungen mit eigenen Fahrzeugen
- Vertriebstochtergesellschaften ausl. Unternehmen
- Größere Bauunternehmen (Vorsicht bei Restwerten, Wagen werden stark beansprucht)
- Speditionsunternehmen sowohl für Außendienst als auch für Einsatz im Nahverkehr
- Brauereien
- E-Werke mit technischem Außendienst
- Gaswerke mit technischem Außendienst
- Öl-Vertriebsfirmen
- Öl-Gesellschaften
- Installations- und Elektrofirmen für technischen Außendienst

- Bundespost, Bundesbahn, öffentliche Verwaltung
- Apothekerzentralen
- Brotfabriken

Möglichkeiten der Assoziation:

- Firma aus der Vogelperspektive (Sandkastenmodell)
- Firmenbesichtigung Froschperspektive (Wanderung)
- Bekannte Straße (zum Teil austauschen)
- Konstruierte Straße (Landkartenprinzip)

Quelle: *Die Leasing-Fibel*, H. v. Schönaich, Verlag Opel Auto-Leasing, Frankfurt

D. Lerntheorien

Zum Schluss noch einige Lerntheorien, die in der Psychologie zzt. vorherrschen.

Lernen als bedingter Reflex:
Pawlow, der russische Physiologe (1849–1936), machte folgenden interessanten Versuch: Während ein Hund Futter bekam, läutete jedes Mal eine Glocke. Das wurde oft wiederholt und jedes Mal beim Anblick des Futters war in der Schnauze des Hundes Speichelfluss festzustellen. Später läutete Pawlow nur noch die Glocke, ohne dass das Futter gereicht wurde, und wieder trat der Speichelfluss auf. Im Gedächtnis des Hundes ist die Glocke mit dem Speichelfluss assoziiert worden, der Hund reagierte auf einen Stimulus. Bezeichnet wurde das Ganze als „Lernen als bedingter Reflex".

Lernen durch Versuch, Irrtum und Erfolg:
Die Versuche zu dieser Lernart gehen auf den amerikanischen Psychologen Thorndike (1874–1949) zurück. Er steck-

te eine Katze in einen Käfig und stellte außerhalb des Käfigs Futter hin. Die Katze versuchte nun den Käfig zu verlassen, was ihr allerdings nicht so leicht gemacht worden war. Es erfolgte zunächst eine Reihe von Versuchen, den Käfig zu verlassen (Versuchsphase). Viele Versuche schlugen fehl (Irrtumsphase), einer schließlich führte zum Erfolg. Von da an wusste die Katze, wie sie den Käfig verlassen konnte. Sie wusste es umso besser, je schmackhafter das Futter war, je größer also die anschließende Befriedigung und der damit verknüpfte Erfolg waren (Effektgesetz; entspricht Erfolgserlebnissen beim Lernen, wodurch die Motivation steigt), und der Vorgang prägte sich ebenfalls umso besser in das Gedächtnis der Katze ein, je häufiger dieses Experiment wiederholt wurde (Frequenzgesetz; entspricht dem Wiederholen beim Lernen).

Damit waren die zwei Lernmöglichkeiten aufgezeigt, die beim Tier fast ausschließlich und beim Menschen unter anderem vorkommen.

Lernen durch Einsicht:
Der deutsche Psychologe Köhler führte noch das Lernen durch Einsicht an. Sein Versuch dazu sah so aus: Ein Affe befand sich in einem Käfig, außerhalb des Käfigs lag schmackhaftes Futter. Es gab jedoch keine Möglichkeit für den Affen, den Käfig zu verlassen. Da er es erst einmal versuchte, durchlief er wieder die Phasen Versuch, Irrtum, aber kein Erfolg. Plötzlich bemerkte er einige Stöcke in seinem Käfig. Er nahm sie auf und nach einem kurzen Innehalten angelte er mit einem Stock das Futter in den Käfig hinein.

Hier hat also offensichtlich die Einsicht stattgefunden, dass es möglich ist, mithilfe eines Stockes die eigene Reichweite zu verlängern. Köhler leitete daraus die folgende Regel ab: Erstens, so sagte er, muss die ganze Situation überschaubar sein. Wenn eine Sache (auch für den denkenden Menschen) nicht überschaubar ist, kann keine Einsicht stattfinden. Zweitens muss eine gewisse Erfahrung vorangegangen sein, in diesem Falle mit dem Hilfsmittel Stock. Der Affe in dem Käfig muss schon einmal Erfahrungen in irgendeiner Weise mit Stöcken gehabt haben, um zu seinem Ergebnis zu gelangen. Genauso muss der Mensch mit bestimmten Gegenständen irgendwelche Erfahrungen gemacht haben, um sie in einer neuen Situation durch Einsicht richtig einzusetzen. Damit wären also die drei Arten des Lernens nach der Lerntheorie kurz umrissen. Diese drei Arten treffen natürlich ganz und gar für den Menschen zu, aber in unterschiedlicher Intensität während seiner Entwicklung, denn der Mensch strebt durch seine geistige Weiterentwicklung auf das Lernen durch Einsicht hin und von den ersten beiden Arten fort.

Frageseite

1. Was ist ein Strukturexzerpt?
2. Wie behalten Sie den schwierigen Leasingtext?

Antwortseite

1. Das Wichtigste wird aus einem Text herausgeschrieben und in einer Art Raster strukturiert, damit inhaltliche Beziehungen klar zum Vorschein kommen.
   (Wenn falsch: Abschnitt C)
2. Sie tauschen die Gebäude einer Firma oder die Geschäfte einer Straße gegen die aufgezählten Unternehmen im Leasingtext aus und stellen sich dieses Austauschen bzw. das Endergebnis nach dem Austausch bildlich vor.
   (Wenn falsch: Abschnitt C)

Ideenliste

Übung 27

Ein Beter steht mit einem Jäger im Garten und betrachtet sich die Schienen.

Ein Fuchs läuft eine Kaule entlang, springt über eine Gosse auf einen Käse.

Vor einer Burg ist eine Straße, auf der eine Apfelkitsche liegt; über diese Straße führt ein Balken, daran hängt eine Leine.

Ein Weber steht in Berlin auf einer Straße vor einer Leiche. In dem Horst eines Falken steht jemand und ziert sich, weil er sich eine neue Kappe anzieht.

Übung 28

Der deutsche Michel geht einen Weg entlang, auf dem lauter Holz liegt, und findet dort eine Latte.

Der Mann vom Bau nimmt eine Sichel in die Hand und fängt damit an zu geigen.

Auf der Straße, die nach Wahn führt, steht jemand, der sehr groß ist, vor einem Kohleberg.

Auf einer alten Fähre sind vier Knoten, mit dem ein Schal festgebunden ist.

Ein Jockei wird in einen Bach geschleudert, mitten zwischen Lilien.

In einer Kammer wird geröntgt und dabei Kaffee getrunken. In der Diele liegt Barbarossa auf einer Liege.

Auf einem Acker liegen lauter Steine, mitten im Acker steht ein Tresen mit einer Kanne darauf.

Faust steht auf der Straße und betet und murmelt anschließend das Wort „Amen", wobei er Schaum vor dem Mund hat.

Jemand ist sehr clever, läuft nachts durch eine Gasse und rasselt mit einer Kette, stößt sich aber dabei den Kopf und schreit „Au".

Übung 29

Die Vertreter handeln mit Latten.

In den Büros liegen lauter Rollen.

Die Arbeiter besuchen mit ihren Kindern einen Schuttabladeplatz.

Auf den Katalogseiten sind Lassos abgebildet.

Die Gastarbeiter sitzen auf einem Rohr.

Über den Werkstraßen ziehen sich Dachrinnen hin.

Die Arbeiter haben ein weißes Gewand wie das eines Scheichs an. Jemand schießt auf die einzelnen Gebäude.

Die kranken Personen werden mit einer Lore weggefahren.

Das Krankenpflegepersonal wird mit einem Scheck ausbezahlt.

70 freie Mitarbeiter verkaufen Käse.

Mit dem Vermögensbildungsgesetz rächt sich die Firma an den Angestellten.

Einige Unfälle sind an einem Riff passiert.

Jeder der Griechen trägt eine Leine.

Dort, wo die Hausnummer zu sehen ist, ist eine Liege aufgestellt.

Der Dienstwagen ist voller Schaum.

In den Zeitschriften und Zeitungen kann man als Werbung eine Rippe sehen.

Der Dozent verlangt durch eine Rute Respekt.

Die produzierten Wagen werden auf ein Schiff geladen.

Die Köche sind anscheinend erkältet und haben einen dicken Schal um den Hals.

Wir liefern Lämmer in 53 Länder.

Italiener arbeiten an einer Dampframme.

Auf einer Glasscheibe ist der Umsatz, der in die Werbung geht, skizziert.

Die Leute in der Forschung haben besonders dicke Lippen.

An der Umsatztafel hängt ein Rock.

Die Personen im Vorstandsstab haben Lilien auf den Schreibtischen stehen.

Zulieferanten müssen über einen breiten Lavastrom.

Die sanitären Anlagen sind von Schienen durchzogen.

Die leitenden Angestellten haben in der Hand eine Schere.

Die Asiaten stehen ratlos um eine Leiche herum.

II. Lerntechnik

13. Die Lernkartei

Das bisherige Gedächtnistraining ist eine Methode, die das Gedächtnis verbessert, indem Sie sich Bilder vorstellen.

Bei der Lerntechnik handelt es sich um eine Lernorganisation, bei der das Gedächtnis vorübergehend besser ausgenutzt wird, wie zum Beispiel durch Zeitpläne oder die richtige Art des Wiederholens (Lernkartei).

Wenn Sie auf einen bestimmten Termin hin lernen, z. B. eine Prüfung, dann ist es sicherlich von Vorteil, wenn Sie das, was Sie lernen, systematisch und geordnet wiederholen.

Und dazu ist eine sog. Lernkartei da. Sie besteht aus einem Karteikasten (z. B. können Sie ihn mit einfachen Mitteln aus einer Zigarrenkiste bauen oder Sie kaufen einen Karteikasten) und aus den entsprechenden Karteikarten. Der Karteikasten ist in vier Fächer unterteilt; jedes folgende Fach ist etwas größer als das vorhergehende. Auf die Karteikarten schreiben Sie pro Karte etwa drei Fragen und auf die Rückseite die drei entsprechenden Antworten. Das Ganze sieht dann so aus:

Karteikarte Vorderseite	Karteikarte Rückseite
1. Nach welcher Zeit sind die Gehirnzellen endgültig vernetzt? 2. Nennen Sie zwei Namen für Gehirnzellen. 3. Welche drei Arten Gedächtnis gibt es?	1. Drei Jahre nach der Geburt 2. Neuron- oder Ganglienzellen 3. Langzeit-, Kurzzeit- und Ultrakurzzeitgedächtnis

1	2	3	4

Kontrolle immer

Mo Di Mi Do Fr Sa	Di Do	Mi	am 15. d. lfd. Monats

Die Fragen und Antworten sind natürlich Bestandteil des Wissens, das Ihnen bei der nächsten Prüfung abverlangt wird. Immer wenn Sie die Antworten einer Karteikarte im Gedächtnis haben (achten Sie darauf, dass Sie sich nicht überschätzen und pro Tag zu viele Informationen lernen), dann stecken Sie die Karte in das Fach Nr. 1. Mit der Zeit kommen in dieses Fach immer mehr Karten, nämlich all diejenigen, die Sie am gleichen Tage noch lernen. Am nächsten Tag wiederholen Sie erst einmal die Karten im Fach Nr. 1, Sie machen also eine Lernkontrolle, denn Fach Nr. 1 wird jeden Tag kontrolliert (montags bis freitags). Alle Karteikarten, deren Fragen Sie richtig beantworten können, wandern nun in das Fach Nr. 2. Dort werden sie nur noch dienstags und donnerstags kontrolliert. Öfter ist nicht mehr nötig, denn sie sitzen ja bereits gut im Gedächtnis. Die Karten, deren Fragen Sie nicht beantworten können, bleiben vorläufig in Fach Nr. 1, wodurch sie automatisch öfter wiederholt werden.

Nach dieser Kontrolle füllen Sie Fach Nr. 1 wie am Vortag durch neu Gelerntes wieder auf. Am nächsten Tag wird Fach Nr. 1 wieder kontrolliert, alles, was Sie diesmal exakt wiedergeben können (Sie prüfen auch das nicht Gewusste vom Vortag), wandert in Fach Nr. 2; der Rest bleibt wieder in Fach Nr. 1.

Das gleiche Verfahren gilt für Fach Nr. 2. Was Sie hier, z. B. bei der Kontrolle am Donnerstag, wissen, wandert in Fach Nr. 3 und wird nur noch jeden Mittwoch kontrolliert. Nicht Gewusstes wandert wieder in Fach Nr. 1. Die Kontrolle für Fach Nr. 3 sieht so aus: Gewusstes wandert in Fach Nr. 4, nicht Gewusstes in Fach Nr. 1.

Damit ergibt sich also folgende generelle Regel:

Gewusstes wandert einfach weiter und wird damit weniger oft wiederholt (es sitzt ja schließlich bereits gut im Gedächtnis) und nicht oder nur ungenau Gewusstes wandert einfach in Fach Nr. 1 zurück (mit Ausnahme des ersten Faches, hier bleibt die Karte bis zum nächsten Tag stecken) und wird automatisch öfter wiederholt, weil es ja auch schwächer im Gedächtnis sitzt.

Mit einer solchen Lernkartei vermeiden Sie also, dass Sie zu oft unnötig wiederholen (was Ihnen nichts bringt und nur Energie vergeudet) und dass Sie zu spät wiederholen und damit praktisch wieder neu lernen müssen. In unserem Falle hat die Kartei vier Fächer. Sie können auch fünf Fächer einrichten und das fünfte Fach alle zwei Monate kontrollieren, denn die hier vorgestellte Kartei soll nur eine Anregung sein. Natürlich können Sie mit einer solchen Kartei auch Vokabeln lernen.

Manche werden jetzt sagen: Ich regle das Ganze lieber elektronisch und baue mir eine Lernkartei in meinem Laptop, Palmtop oder Handy auf. Einverstanden! Das funktioniert ebenfalls gut. Aber: Unterschätzen Sie niemals Ihr motorisches Gedächtnis, das dadurch angeregt wird, dass Sie Ihre Lernkarten selbst mit der Hand schreiben. Allein diese motorische Bewegung beim Schreiben erhöht die Gedächtnisleistung um 20 Prozent.

(Anmerkung: In Kapitel 15 finden Sie eine Variante dieser Lernkartei.)

14. Die Merkzeichen

Wenn Sie einen Text durcharbeiten, dann ist es oft sehr wichtig, Gedanken, die Sie dabei haben, in irgendeiner Form festzuhalten. Z. B. finden Sie bestimmte Teile des Textes wichtig oder anderen Teilen stimmen Sie zu. An manchen Stellen haben Sie Fragen und wollen noch genauer nachschlagen oder Sie wollen auf eine ähnliche Stelle in einem anderen Text verweisen usw. Damit Ihnen diese Art des Textedurcharbeitens erleichtert wird, gibt es bestimmte Kürzel bzw. Zeichen, die Sie sich zu Eigen machen sollten.

Diese Zeichen sehen folgendermaßen aus:

Besonders wichtig:	x
Stimme zu:	!
Habe ich noch Fragen bzw. muss noch an anderer Stelle nachlesen:	?
Verweis auf eine andere Seite im Text:	s. S. 10
Stimme ich nicht mit überein:	n
	usw.

Diese Zeichen schreiben Sie an den Rand, während Sie den Text durcharbeiten. Natürlich sind diese Zeichen und Kürzel nur Vorschläge, die Sie übernehmen können, wenn Sie wollen. Sie können sich aber auch eigene Zeichen ausdenken, je nachdem, welche Texte Sie durchzuarbeiten haben. Auf jeden Fall aber werden Ihnen solche Zeichen nützlich sein, um Texte schnell und gründlich durchzuarbeiten.

15. Lernkartei und Zeitpläne

In unserer Lernkartei in Kapitel 13 war durch die Tage eines Monats festgelegt, wann Sie die einzelnen Vokabeln oder Fragen wiederholen wollten. Dazu mussten Sie einen kleinen Zeitplan aufstellen, anhand dessen Sie sich orientieren konnten.

Wenn Ihnen eine solche Zeiteinteilung zu kompliziert erscheint, dann können Sie eine Lernkartei aufbauen, bei der Sie nichts weiter beachten müssen, als dass die Karten je nach Einprägungsgrad nach hinten oder nach vorne verschoben werden. Eine solche Lernkartei sieht folgendermaßen aus. Die einzelnen Fächer der Lernkartei werden wieder nach hinten hin größer, aber diesmal ist jedes folgende Fach etwa doppelt so groß wie das vorherige.

1	2	3	4	5

Den Karteikasten kann man wieder selbst herstellen oder im Handel fertig kaufen. Es empfiehlt sich eine Einteilung in fünf Fächer mit den Maßen ein/zwei/vier/acht/16 Zentimeter. (Fach 1 muss Platz für „Ladenhüter" haben.)

Die Karteikarten (am besten Format DIN A7) werden wieder so beschriftet wie im Kapitel 13 beschrieben (d. h. ein bis drei Fragen oder Vokabeln auf die Vorderseite und die Antworten auf die Rückseite).

Den zu lernenden Stoff überträgt man nun auf die Karteikarten (max. 30 Karten bei einem Lernprozess, um die schon beschriebene Lernhemmung zu vermeiden). Ein Lernprozess ist ein abgeschlossener Block, auf den eine Pause erfolgen muss, wenn Sie mehrere Blöcke am Tag lernen. Einen kompletten Block steckt man in das erste Fach. Dann beginnt man mit dem Lernen. Man nimmt die erste Karte heraus, liest die Frage und versucht sich an die Antwort (vielleicht beim Schreiben schon gemerkt) zu erinnern. Gelingt dies nicht, dreht man einfach die Karte um und wiederholt die Antwort mehrmals laut über einen Zeitraum von etwa 20 Sekunden (UKZG!). Diese Karte wird dann aber nicht ins zweite Fach gesteckt, sondern wieder ins erste, und zwar an die hinterste Stelle der Karteireihe.

Nur die bereits gewussten Fragen, Vokabeln usw. wandern ins zweite Fach. Die im ersten Fach verbliebenen werden so lange wiederholt, bis auch sie verinnerlicht sind und damit im zweiten Fach landen. So verfährt man (z. B. in den nächsten Tagen) beim Lernen von neuem Stoff, bis das zweite Fach voll ist. Dann stoppt man mit dem Lernen bzw. Schreiben der Karten und beginnt mit der Kontrolle des 2. Faches (entweder nach einer Pause oder am nächsten Tag). Die Karteikarten mit den gewussten Informationen wandern ins dritte Fach, die schon wieder vergessenen ins erste Fach. Genauso leeren sich die Fächer 3 und 4, da auch diese Fächer irgendwann einmal voll sein werden. Dabei empfiehlt es sich, bei den größeren Fächern jeweils nur einen fingerbreiten Kartenstapel (einen abgeschlossenen Block) zu wiederholen. Die Karteikarten, deren Informationen nach der Überprüfung des fünften Faches noch gewusst werden, kann man getrost ad acta legen, weil die Informationen inzwischen fest im Langzeitgedächtnis verankert sind.

Der Lernvorgang von Fach 1 bis Fach 5 kann sich natürlich je nach Lernintensität und Lernrhythmus jedes Einzelnen über mehrere Wochen hinziehen. Nur sollten Sie beachten, dass Sie für jedes Fachgebiet eine separate Lernkartei benutzen. Warum bei dieser Lernkartei der Zeitplan entfällt, ist Ihnen sicherlich klar geworden, denn die Größe der einzelnen Fächer bestimmt automatisch, wann Sie wiederholen müssen – nämlich dann, wenn ein Fach voll ist.

Zeitpläne:
Und nun zu einem Zeitplan, der für das Lernen generell wichtig ist. Es ist eine bekannte Tatsache, dass man sehr schnell den Überblick verliert, wenn man einfach so draufloslernt.

Jahrespläne:
Das lässt sich durch einen Zeitplan vermeiden. Nehmen wir einmal an, sie müssten in einem Jahr die Prüfung machen. Dazu brauchen Sie die Fächer Englisch, Deutsch, Mathematik, Buchführung und Politik. Dann halten Sie in einem langfristigen Zeitplan fest, welches Pensum Sie bis zur Prüfung bewältigen wollen, welche Fächer bevorzugt gepaukt werden sollen und wie die Teillernziele von Monat zu Monat aussehen sollen. Dabei können Sie in aller Ruhe einschätzen, was Sie sich zumuten wollen.

Wochenpläne:
Die zweite Möglichkeit ist, einen mittelfristigen Zeitplan aufzustellen. Z. B. müssen Sie in zehn Tagen eine Konferenz leiten oder einen Vortrag halten oder Sie sind Schüler und schreiben an diesem Termin eine Arbeit. Dann sollten Sie den Lernstoff, den Sie in diesen zehn Tagen bewältigen wollen, ebenfalls schriftlich einteilen, damit Sie sich nicht verzetteln.

Tagespläne:
Die dritte Art Zeitplan ist ein kurzfristiger Zeitplan. Er gilt jeweils nur für einen Tag. Durch ihn teilen Sie ein, in welcher Reihenfolge Sie die einzelnen Fächer pro Tag lernen wollen, wann Sie Pausen einlegen, wann Sie bestimmte Fächer wiederholen wollen, ob Sie am Tag etwas später beginnen und dafür auch später aufhören (Nachtmenschen) oder aber ob Sie früher beginnen und auch früher mit dem Lernen aufhören (Morgenmenschen). Vielleicht teilen Sie den Tag in zwei Blöcke auf, damit Sie zwischendurch eine längere Pause machen können, usw.

Letzten Endes ist eine solche Einteilung subjektiv und Sie müssen erst einmal drei oder vier solcher Pläne aufgestellt haben, damit Sie Ihre beste Art zu lernen erkennen. Auch wenn Sie jeden Morgen 15 Minuten Zeit für einen solchen Zeitplan opfern, es zahlt sich auf jeden Fall aus, denn Sie vermeiden dadurch, sich zu verzetteln oder zu überschätzen.

An dieser Stelle noch ein Tipp: Die Pausen, die Sie in Ihren Zeitplan einbauen, sollten immer zwischen zwei verschiedenen Fächern liegen, denn wenn Sie z. B. Mathematik gelernt haben und anschließend sofort mit Englisch beginnen, dann wird das Phänomen der pro- und retroaktiven Lernhemmung (Kapitel 8) Ihre Lernleistung sehr stark stören, denn diese Lernhemmungen treten auch dann stark auf, wenn die aufeinander folgenden Lernstoffe verschieden sind. Nun kann es aber sein, dass Sie sich erstens sehr frisch fühlen und zweitens durch Pausen nicht so viel Zeit verlieren möchten. Dann wiederholen Sie in dieser Pause Mathematik vom Vortag. Wiederholen ist kein so aktiver Vorgang in Ihrem Gehirn, wodurch sich auch die beiden Arten der Lernhemmung (Kapitel 8, Abschnitt C) kaum noch auswirken. Gleichzeitig aber haben Sie die Pausen sinnvoll genutzt.

16. Lernen ohne Stress

Lernen steht und fällt mit der Konzentration, und die Konzentration wird unter anderem sehr stark durch Ermüdungserscheinungen negativ beeinflusst.

Ihr Gedächtnis kann noch so gut sein; sind Sie müde oder abgespannt oder verkrampft, dann wird Ihre Konzentration gestört und kann bis auf den Nullpunkt absinken. Verkrampftes und abgespanntes Lernen ist Lernen unter Stress, und ein gestresster Lerner war noch nie ein guter. Erinnern Sie sich an Ihre Schulzeit zurück. Ihr Gedächtnis versagte immer dann, wenn Sie unter Druck lernen mussten oder wenn Sie spürbare Prüfungsangst empfanden. Das Schlagwort hierzu ist der sog. Prüfungsstress.

Plötzlich war der Kopf wie leer, als hätte man nie etwas gelernt. Selbst mit großer Anstrengung gelingt es einem nicht mehr, sich an das Gelernte zu erinnern.

Selbst wenn diese extreme Situation nicht zutrifft, so ist man doch zumindest sehr stark beim Lernen behindert, wenn man sich verspannt, abgeschlafft oder müde fühlt. Die Motivation ist weg und selbst mit Gewalt geht kaum etwas in den Kopf hinein.

Ganz klar, Gewalt hilft hier nicht weiter. Sie müssen zusehen, dass Sie wieder in einen lockeren, positiven, lernentspannten Zustand gelangen. Dazu sind Entspannungsübungen gut geeignet. Bekannt sind z. B. das autogene Training,

Meditation, Selbsthypnose, Silva-Mind-Control, Mind-Development, progressive Muskelentspannung und die elektronische Entspannung.

Hier eine kurze Aufstellung der Wirkungsweisen der einzelnen Methoden:

1. *Autogenes Training:* Entspannungseinstieg über Schwere und Wärme des Körpers
2. *Meditation:* Entspannungseinstieg über Verinnerlichung und Selbstbesinnung
3. *Selbsthypnose:* Entspannungseinstieg über die Schwere der Augenlider (eine von mehreren Möglichkeiten)
4. *Silva-Mind-Control:* Entspannungseinstieg über gedanklich gesprochene Zahlen und geistig vorgestellte Farben
5. *Mind-Development:* Konkurrenzmethode mit gleichem Inhalt wie Methode Nr. 4
6. *Progressive Muskelentspannung* (nach Jacobson): Entspannungseinstieg über bewusstes Anspannen und Entspannen der Muskeln
7. *Elektronische Entspannung:* Entspannungseinstieg über Musik und Stimme, der Endzustand der Entspannung wird hier bereits nach zwei Stunden erreicht; bei autogenem Training z. B. ist die durchschnittliche Dauer sechs Wochen bis zur endgültigen Entspannung (elektronische Entspannung wird im Institut des Autors praktiziert).

Wenn Sie nicht mindestens eine dieser Entspannungsmethoden beherrschen, dann sollten Sie sie zum besseren Gelingen des Lernens erst einmal einüben. Autogenes Training und Meditation können Sie an der Volkshochschule oder in entsprechenden Management-Seminaren erlernen. Ebenfalls an der Volkshochschule und auf Management-Seminaren können Sie die progressive Muskelentspannung erlernen.

Selbsthypnose lernen Sie in der Regel nur bei Ärzten oder Heilpraktikern. Hier sollten Sie sich in der näheren Umgebung erkundigen.
Die Methoden der Silva-Mind-Control und des Mind-Developments werden in Management-Seminaren angeboten. Hier müssen Sie sich im einzelnen Fall erkundigen.
Die elektronische Entspannung können Sie im Institut des Autors erlernen, und zwar sowohl in den Seminaren „Mehr Kraft, Energie und Muße“ als auch in den Seminaren „Work Life Balance“.

III. Konzentrations-training

17. Spielerisch konzentrieren lernen

Bevor Sie zum Abschluss dieses Buches noch Konzentrationsspiele machen, hier kurz die zzt. gültigen Definitionen von Lernen, Gedächtnis und Konzentration. *Lernen* wird als eine Verhaltensänderung definiert und ist folglich ein Vorgang des Aufnehmens, Verarbeitens und Abrufens, zu dem auch der Wahrnehmungsapparat gehört. Einen Ausschluss bildet die Verhaltensänderung durch die Reifung des Körpers und durch körperliche Zustände (wie plötzliche Gebrechen).

Gedächtnis: Das Gedächtnis ist nur der Speicher und damit gleichzeitig die Fähigkeit, beliebige Daten abzurufen und zu speichern.

Konzentration: Das ist die Fähigkeit, seine Gedanken auf einen gewünschten Punkt zu sammeln und dort zu lassen. (Es nützt nichts, wenn Sie sich nur einige Sekunden lang konzentrieren können, Sie müssen es schaffen, Ihre Gedanken auch längere Zeit auf den gewünschten Punkt zu lenken.) Konzentration ist eine Energie, die sich beim Lernen verbraucht (meine „Batterie" ist leer) und wieder, z.B. durch Pausen, neu aufgetankt werden muss.

Da das Gedächtnis bekannterweise mit der Konzentration steht und fällt, ist es wichtig, die Konzentration in zufrieden stellender Weise zu trainieren. Das soll spielerisch geschehen, denn der berufliche und auch schulische Alltag sind schon aufreibend genug.

In den folgenden 42 Konzentrationsspielen trainieren Sie die Bereiche, die für die tägliche Praxis wichtig sind. Hierbei soll sich eine Routine einschleifen, so dass Konzentration zu einem effektiven, automatischen Grundverhalten Ihres Gehirns wird. Nur so wird Konzentration auf die Dauer für Sie etwas leicht Handhabbares.

Wie oft Sie jeweils eine Übung machen müssen und welchen Erfolg sie haben soll, das ist bei jeder einzelnen Übung angegeben. Wechseln Sie die jeweiligen Übungen eines Kapitels hintereinander ab, dann ist der Erfolg am größten!

Ich wünsche Ihnen viel Spaß und Erfolg beim Training Ihrer Konzentration!

18. Neun Konzentrationsspiele, leicht

Spiel 1:

Bitte zählen Sie in diesem Kasten die Zahlen von 1 bis 30 einmal rückwärts und einmal vorwärts. Die Schwierigkeit be-

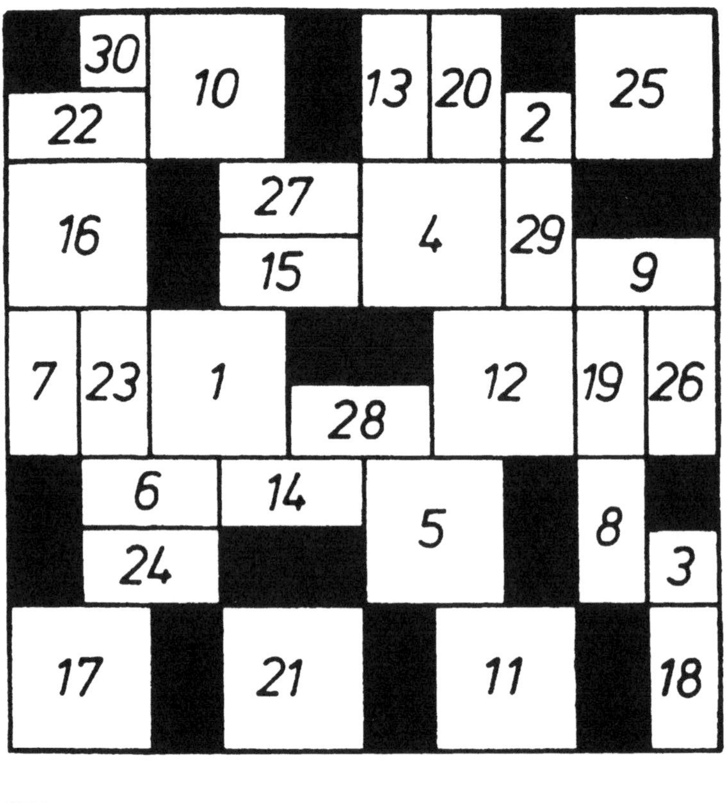

steht darin, aus der Unordnung von Zahlen die jeweils gewünschte schnell zu finden, und zwar in der Reihenfolge 1, 2, 3 usw. Wenn Sie wollen, dann können Sie auf die jeweilige gefundene Zahl mit dem Bleistift oder Finger tippen. Machen Sie aber keine Zeichen an die Zahlen, damit Sie dieses Spiel beliebig oft wiederholen können. Die letzte Zahl ist 30.

Machen Sie dieses Spiel insgesamt 50-mal, aber nicht öfter als dreimal am gleichen Tag. Wie oft Sie dieses Spiel bereits gemacht haben, halten Sie durch eine Strichliste fest.

Strichliste:

Erfolg: Ihre geistige Reaktionsschnelle steigt, Ihre Sicherheit, sich in einer Unordnung nicht zu verlieren, wächst.

Spiel 2:

Bitte verfolgen Sie die Linien der folgenden Übung von einem Ende zum anderen und wieder zurück, aber nur mit den Augen, nicht mit Bleistift oder Finger. Dabei zählt eine Tour hin und zurück als ein Mal.

Machen Sie dieses Augenspiel insgesamt 500-mal, aber nicht öfter als 30-mal am Tag und nicht weniger als zehnmal am gleichen Tag. In Ihrer Strichliste entspricht ein Strich zehnmal.

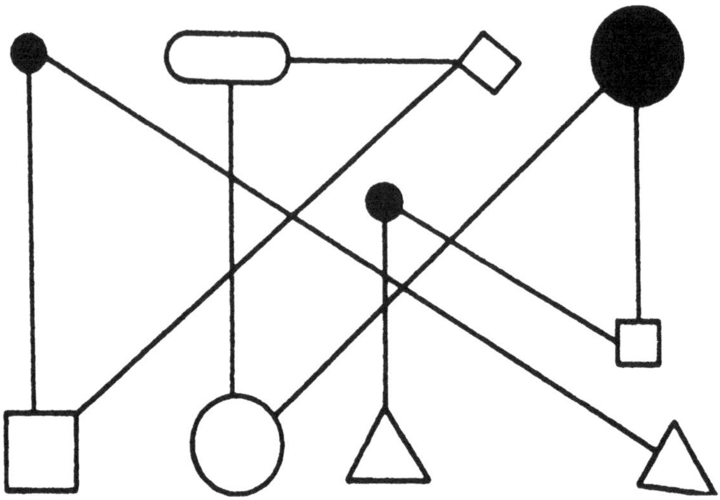

Strichliste:

Erfolg: Die Augen ermüden nicht mehr so schnell beim Lesen, wodurch die Konzentration nicht mehr so stark gestört wird. Auch Ihre konzentrierte Lesegeschwindigkeit erhöht sich.

Spiel 3:

Die folgende Figur hat zwei verschiedene Perspektiven. Diese Perspektiven wechseln dann automatisch, wenn Sie die Figur eine Zeit lang ruhig betrachten. Sie sollen nun diese Perspektiven ganz gezielt in ihrem Wechsel beeinflussen. Das gelingt Ihnen dadurch, dass Sie sich entweder an Flächen, an Kanten oder an Ecken dieser Figur orientieren. Allerdings setzt das voraus, dass Ihnen räumlich klar ist, welche zwei Möglichkeiten der Würfel hat, sich darzustellen. Wenn Sie sich darüber klar geworden sind, dann beginnen Sie, gezielt Ihre innere Erwartungshaltung zu variieren, die Sie von dieser Figur haben, indem Sie sich entweder an Flächen, Kanten oder Ecken orientieren. Dadurch wird die Figur hin- und herspringen. Einmal hin- und herkippen zählt als ein Durchgang.

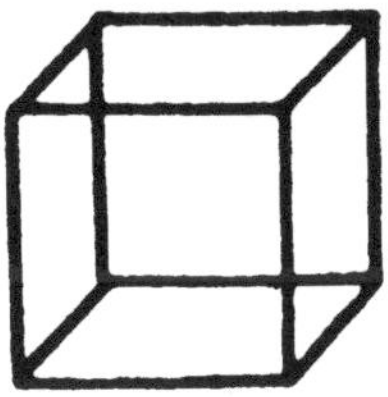

Bitte machen Sie dieses Spiel insgesamt 500-mal, aber nicht öfter als 30-mal am Tag und nicht weniger als zehnmal am gleichen Tag. In Ihrer Strichliste entsprechen zehnmal einem Strich.

Strichliste:

Erfolg: Ihre Konzentration in Bezug auf dreidimensionale Vorstellungen steigt, außerdem können Sie schnell auf völlig neue Sachgebiete umschalten (z. B. wenn ein Telefonat Sie aus einer Besprechung herausreißt!).

Spiel 4:

Bitte verfolgen Sie die einzelnen Linien der folgenden Übung nur mit den Augen von den Zahlen aus zu den Buchstaben. Immer wenn Sie dieses Spiel einmal gemacht haben, dann wechseln Sie die Richtung, usw.

Machen Sie dieses Spiel 50-mal, aber nicht öfter als dreimal am gleichen Tag. Notieren Sie die Anzahl der ausgeführten Spiele wieder in Ihrer Strichliste.

Strichliste:

Erfolg: Ihre Augen lassen sich leichter und ermüdungsfreier steuern, z. B. beim Lesen. Auch Ihre konzentrierte Lesegeschwindigkeit steigt!

Spiel 5:

Wechseln Sie in diesem Spiel wieder die Perspektive durch innere Vorstellungen. Einmal hin- und zurückkippen zählt wieder als ein Durchgang.

Machen Sie dieses Spiel 500-mal, aber nicht öfter als 30-mal und nicht weniger als zehnmal am gleichen Tag. Für zehnmal notieren Sie wieder einen Strich.

Strichliste:

Erfolg: bereits besprochen (Spiel 3)

Spiel 6:

Verfolgen Sie in diesem Spiel wieder die Linien mit den Augen.

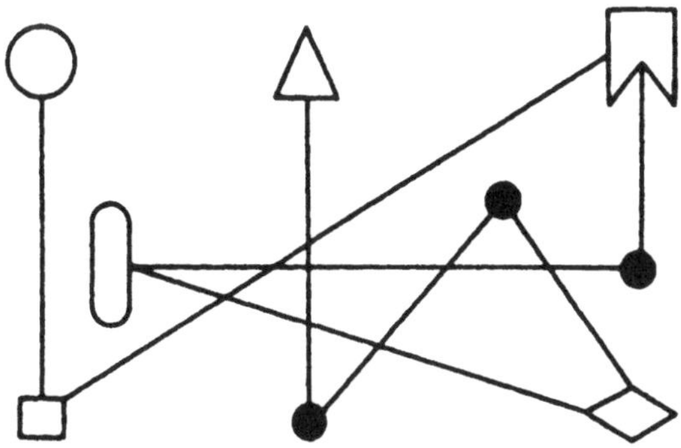

Machen Sie dieses Spiel 500-mal, aber nicht öfter als 30-mal und nicht weniger als zehnmal am gleichen Tag. Für zehnmal notieren Sie einen Strich.

Strichliste:

Erfolg: bereits besprochen (Spiel 2)

Spiel 7:

Bei diesem Spiel stehen immer zwei dicht untereinander liegende Reihen von Buchstaben. Mit Ausnahme von einem einzigen Buchstaben stimmt die obere Reihe mit der unteren überein. Die Ausnahme sollen Sie so schnell wie möglich finden. Streichen Sie dabei nichts an, damit Sie dieses Spiel öfter machen können.

BDR BDF	DCG COG	ETU ITU	ROM RÖM
JKL IKL	GNM CNM	ODW ODV	IÄE IAE
CYD CYF	RIJ RIT	OMV OMB	UBA UPA
TBS TBC	IOL IÖL	DSA DSQ	IMT IMD
DBZU DBCU	VGRD WGRD	TGVD THVD	ÖKHG ÖKHG
VFDE VEDE	JNGT JNKT	UTDE UTDF	KLJT KLJY
VBFR VBRR	YAEZ TAEZ	UJLP UKLP	FEOA FEQA
LGJR LKJR	ZHNF ZFNF	EDVB EFVB	ERTZ IRTZ

Machen Sie dieses Spiel insgesamt 50-mal, aber nicht öfter als dreimal am gleichen Tag. Notieren Sie die einzelnen ausgeführten Spiele wieder in Ihrer Strichliste.

Strichliste:

Erfolg: Ihre Reaktionsschnelligkeit steigt und die Anzahl Ihrer Flüchtigkeitsfehler sinkt.

Spiel 8:

Suchen Sie in diesem Spiel die Buchstaben von A bis Z in der Reihenfolge A, B, C usw. (nur vorwärts). Sie können wieder den Finger oder einen Bleistift zu Hilfe nehmen. Streichen Sie aber bitte keinen Buchstaben an.

Machen Sie dieses Spiel insgesamt 50-mal, aber nicht öfter als dreimal am gleichen Tag. Notieren Sie die einzelnen ausgeführten Spiele wieder in Ihrer Strichliste.

Strichliste:

Erfolg: bereits besprochen (Spiel 1)

Spiel 9:

Verfolgen Sie hier wieder die Linien mit den Augen (jedes zweite Mal von den Buchstaben hin zu den Zahlen).

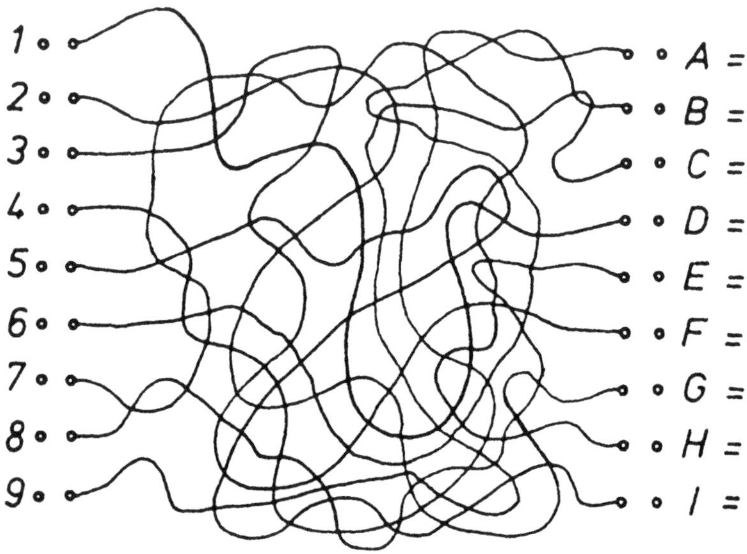

Machen Sie dieses Spiel insgesamt 50-mal, aber nicht öfter als dreimal am gleichen Tag. Notieren Sie die einzelnen ausgeführten Spiele wieder in Ihrer Strichliste.

Strichliste:

Erfolg: bereits besprochen (Spiel 4)

19. Neun Konzentrationsspiele, etwas schwieriger

Spiel 1:

Bei diesem Spiel sollen Sie in dem folgenden Text den Buchstaben „e" zählen. Dabei spielt es keine Rolle, ob Sie den Inhalt dieses Textes verstehen oder nicht. Beim Zählen streichen Sie bitte keine Buchstaben an, damit Sie diese Übung so oft wie möglich wiederholen können. Einmal Durchzählen gilt als ein Spiel.

Zählen Sie den kleinen Buchstaben „e" in dem folgenden Text:

Die Einleitung durch Verbalsuggestion und monotone, teils auch akustische Reize wird bei dieser Methode recht selten verwendet. Vestibuläre Reize haben, wenn überhaupt, nur noch historische Bedeutung. Faszinationsmethode und Verbalsuggestion sollten aus einer Reihe von Gründen hauptsächlich wegen der entstehenden Nachteile nur noch in ganz bestimmten Fällen benutzt werden.

Machen Sie dieses Spiel 50-mal, aber nicht öfter als dreimal am Tag. Notieren Sie die einzelnen ausgeführten Spiele in Ihrer Strichliste.

Die Anzahl des Buchstaben „e“ ist 55. Ein Spiel gilt auch dann als durchgeführt, wenn Sie falsch gezählt haben.

Strichliste:

Erfolg: Die Anzahl von Flüchtigkeitsfehlern sinkt, weil Sie lernen, konzentrierter auf Details zu achten.

Spiel 2:

In diesem Spiel sollen Sie üben, möglichst schnell gerade von ungeraden Zahlen zu trennen. Das tun Sie dadurch, dass Sie zuerst einmal nur die geraden Zahlen in Gedanken laut lesen (also 64, 34, 88 usw.) und anschließend nur die ungeraden (also 55, 75, 67 usw.). Je schneller Sie das schaffen, desto besser. Die Zahlen selbst brauchen Sie nicht im Kopf zu behalten. Ein Spiel haben Sie dann gemacht, wenn Sie einmal die geraden und anschließend einmal die ungeraden Zahlen gelesen haben.

Lesen Sie nun die geraden bzw. ungeraden Zahlen:

55	75	64	34	88	56	32	54	67	71
56	43	50	90	65	01	04	53	76	54
98	56	44	17	83	73	51	85	49	31
46	36	87	43	82	63	73	91	63	74
48	93	62	43	12	26	12	64	72	83

Machen Sie dieses Spiel insgesamt 50-mal, aber nicht öfter als dreimal am Tag. Notieren Sie die einzelnen ausgeführten Spiele wieder in Ihrer Strichliste.

Strichliste:

Erfolg: Ihre geistige Reaktionsschnelle steigt an.

Spiel 3:

Dieses Spiel wurde sowohl in der Durchführung als auch im Erfolg bereits besprochen (Kapitel 18, Spiel 1).

Strichliste:

Spiel 4:

Dieses Spiel wurde in seiner Durchführung und in seinem Erfolg bereits besprochen (Kapitel 18, Spiel 3).

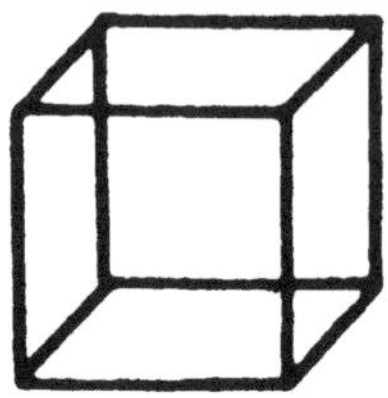

Strichliste:

Spiel 5:

Dieses Spiel wurde in seiner Durchführung und in seinem Erfolg bereits besprochen (Kapitel 18, Spiel 7).

DJERV DIERV	DJFHR DJEHR	GJDBC GLDBC	UTHFR UTZFR
DJVNE AJVNE	ONJEL ONKEL	ÄÖEUC ÄPEUC	ZIBYS CIBYS
DKNÄR DKMÄR	ZIWQX ZLWQX	KOAVE KOWAWE	GJDNE DJDNE
DJFNR DKFNR	TJGNE TZGNE	RUCGE PUCGE	RHFBE RMFBE

Strichliste:

Spiel 6:

Dieses Spiel wurde in seiner Durchführung und in seinem Erfolg bereits besprochen (Kapitel 18, Spiel 6).

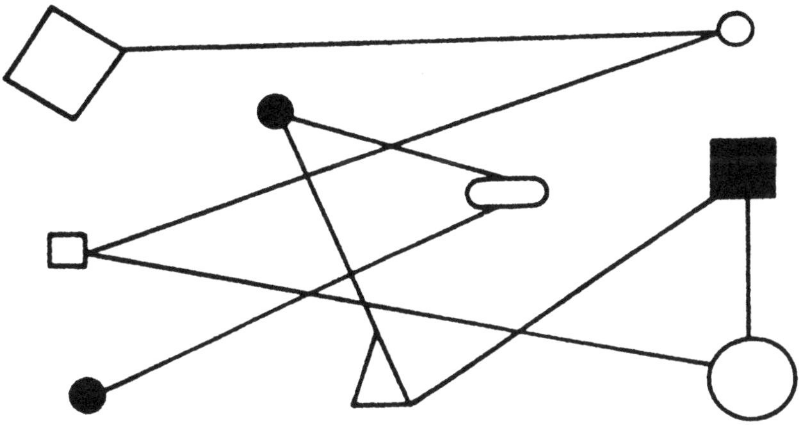

Strichliste:

Spiel 7:

Bitte zeichnen Sie die folgende Linie so wie bereits begonnen spiegelgleich nach. Einmal zeichnen Sie das Ganze mit der rechten Hand (dabei fangen Sie links an) und einmal zeichnen Sie die Linie mit der linken Hand (dabei fangen Sie rechts am Buchrand an). Um den Übungswert dieses Spiels nicht zu sehr zu strapazieren, fertigen Sie für weitere Übungen bitte eigene Linien an. Zeichnen Sie die Linie abwechselnd mit der linken und rechten Hand spiegelbildlich nach.

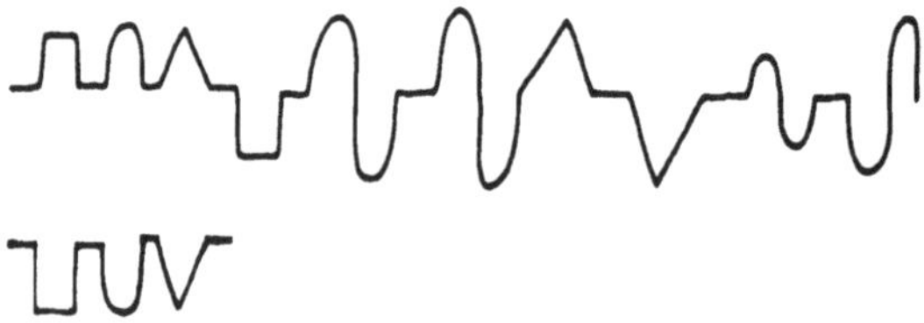

Machen Sie dieses Spiel insgesamt 50-mal, aber nicht öfter als dreimal am Tag. Notieren Sie jedes ausgeführte Spiel wieder in Ihrer Strichliste.

Strichliste:

Erfolg: Steigerung der Konzentration allgemein und Aktivierung der linken und rechten Gehirnhälfte (ganzheitliches Denken)

Spiel 8:

In jeder Zahlengruppe befinden sich zwei Zahlen. Bitte errechnen Sie im Kopf die Quersumme der beiden Zahlen und stellen Sie fest, welche größer ist (nicht die größte anstreichen, damit Sie diese Übung öfter machen können). Der Übungssinn des Spiels ist bereits dadurch erreicht, dass Sie beide Quersummen errechnet und verglichen haben. Hierbei dürfen Sie aber nichts notieren oder schriftlich ausrechnen.

Beispiel:

3 7 5 8 3 = 26
4 8 7 3 1 = 23 Die obere Quersumme ist größer.

36289	68205	15371	21375
45349	75417	51294	51733

84905	32941	43920	39362
61956	12950	61831	48446
53966	78910		
56973	69900		

Machen Sie dieses Spiel insgesamt 50-mal, aber nicht öfter als dreimal am Tag. Haken Sie die ausgeführten Spiele wieder in Ihrer Strichliste ab.

Strichliste:

Erfolg: Ihre geistige Reaktionsschnelle wächst und Ihr Ultrakurzzeitgedächtnis wird besser (s. Kapitel 2).

Spiel 9:

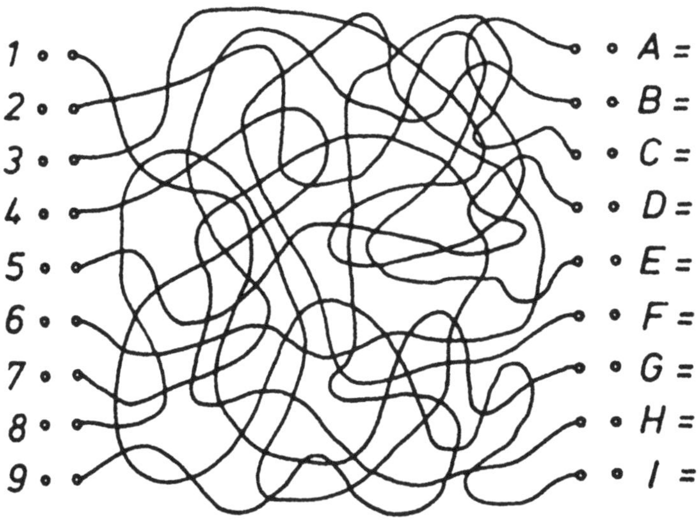

Bereits von der Durchführung und vom Erfolg her besprochen (Kapitel 18, Spiel 4)

Strichliste:

20. Neun Konzentrationsspiele, schwierig

Spiel 1:

Bereits in der Durchführung und im Erfolg besprochen (Kapitel 19, Spiel 2)

Gerade bzw. ungerade Zahlen

47	36	47	86	23	33	96	05	35	54
74	43	23	84	94	03	56	37	28	15
36	38	94	74	59	73	53	14	26	35
47	37	84	96	88	64	65	33	15	23
46	32	86	90	05	74	03	61	46	68
47	84	21	59	07	64	35	43	57	44

Strichliste:

Spiel 2:

Bereits in der Durchführung und im Erfolg besprochen (Kapitel 19, Spiel 1).

Zählen Sie den Buchstaben „a" im folgenden Text:

Mit der visuellen Assoziationstechnik reduzieren Sie das Lernen der Vokabeln um mindestens die Hälfte der Zeit. Unsere Empfehlung ist, dass Sie zusätzlich zu Ihrem Sprachprogramm solche Assoziationslisten benutzen. Auf mehreren Seiten finden Sie zu den

Sprachen Spanisch, Französisch und Englisch jeweils Beispiele, wie solche visuellen Assoziationen aussehen können.

Probieren Sie es einmal aus! Die hier beschriebenen Bilder müssen Sie tatsächlich vor Ihrem geistigen Auge sehen, dann prägt sich die Vokabel in Ihr Langzeitgedächtnis ein. Wenn Sie sich das beschriebene Bild lediglich durchlesen, dann haben Sie nur eine Gedankenverbindung aufgebaut. Gedankenverbindungen verschwinden wesentlich schneller aus dem Gedächtnis als tatsächlich vor dem geistigen Auge vorgestellte Bilder (siehe auch Teil I dieses Buches).

Strichliste:

Spiel 3:

Bereits in der Durchführung und im Erfolg besprochen (Kapitel 19, Spiel 1)

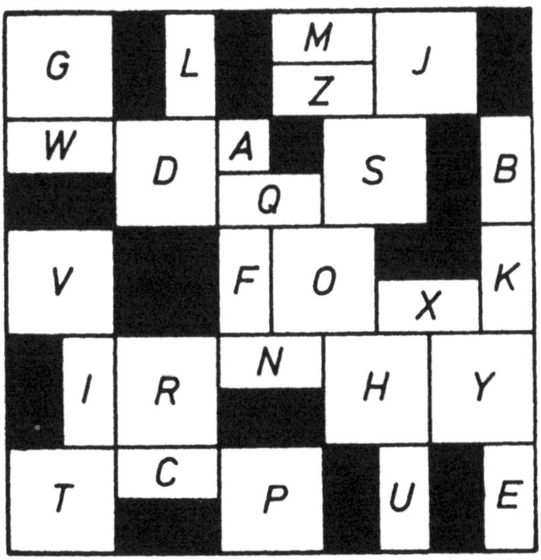

Strichliste:

Spiel 4:

Bereits in der Durchführung und im Erfolg besprochen (Kapitel 18, Spiel 2)

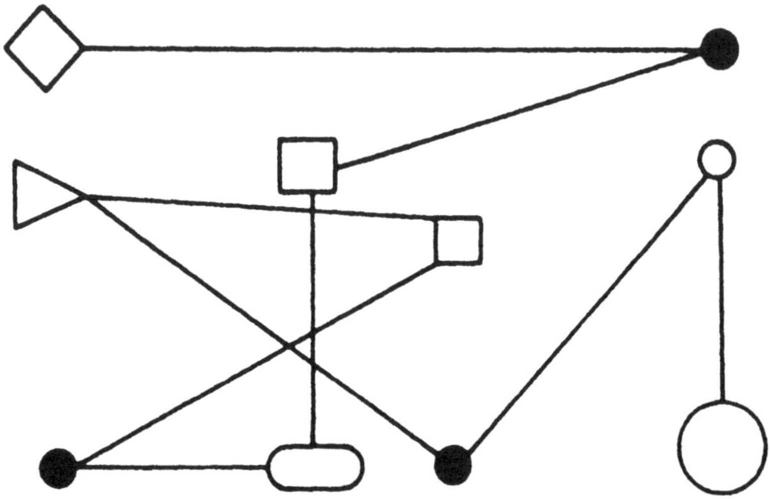

Strichliste:

Spiel 5:

Bereits in der Durchführung und im Erfolg besprochen (Kapitel 18, Spiel 3)

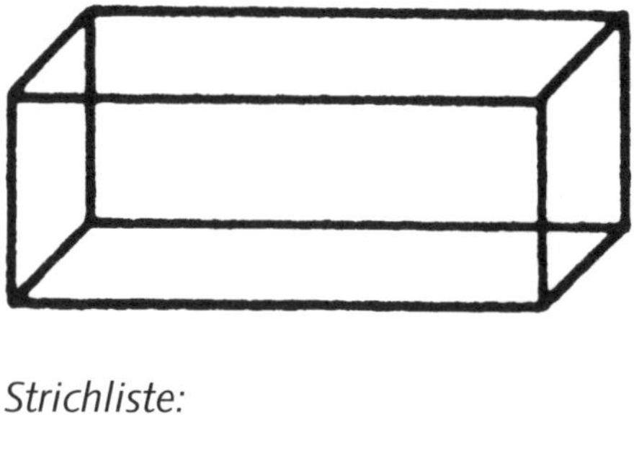

Strichliste:

Spiel 6:

Bereits in der Durchführung und im Erfolg besprochen (Kapitel 18, Spiel 4)

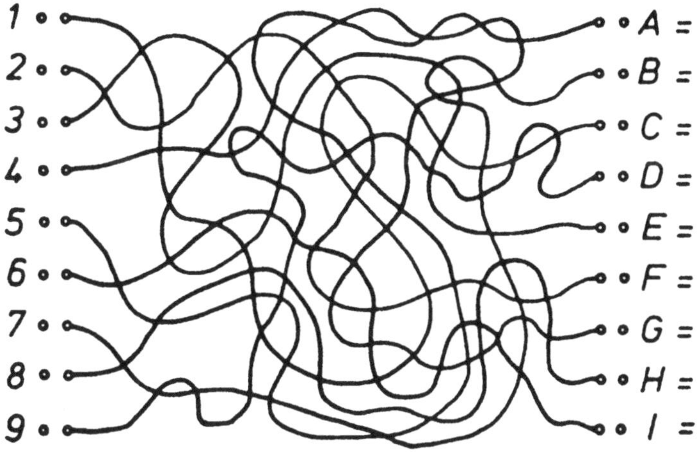

Strichliste:

Spiel 7:

Bereits in der Durchführung und im Erfolg erklärt (Kapitel 18, Spiel 4)

Strichliste:

Spiel 8:

Bereits in der Durchführung und im Erfolg erklärt (Kapitel 18, Spiel 2)

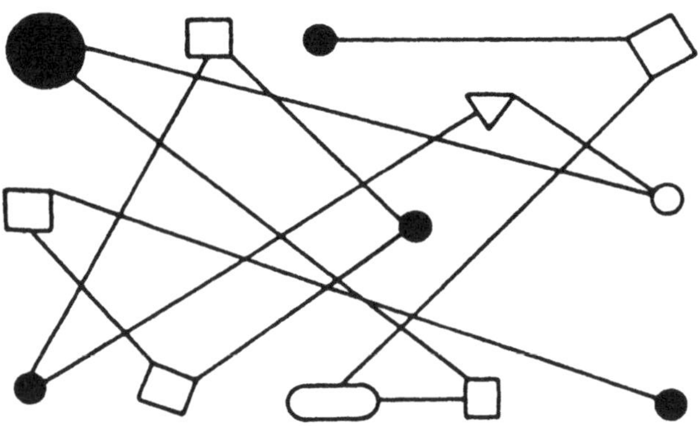

Strichliste:

Spiel 9:

Bereits in der Durchführung und im Erfolg erklärt (Kapitel 18, Spiel 1)

Strichliste:

21. 15 Konzentrationsspiele, Endspurt

Spiel 1:

Bitte schreiben Sie die Erläuterung dieses Spiels Nr. 1 handschriftlich mit der linken Hand in Spiegelschrift ab. Dabei müssen Sie am rechten Blattrand anfangen und Ihre linke Hand zum linken Blattrand hin bewegen. Bitte schreiben Sie aber keine Druckschrift, sondern zusammenhängende Handschrift. Ein Spiel haben Sie dann gemacht, wenn Sie diesen Text einmal ganz abgeschrieben haben.

In dieser Art sollen Sie den oben stehenden Text abschreiben:

(Spiegelschrift des Autors)

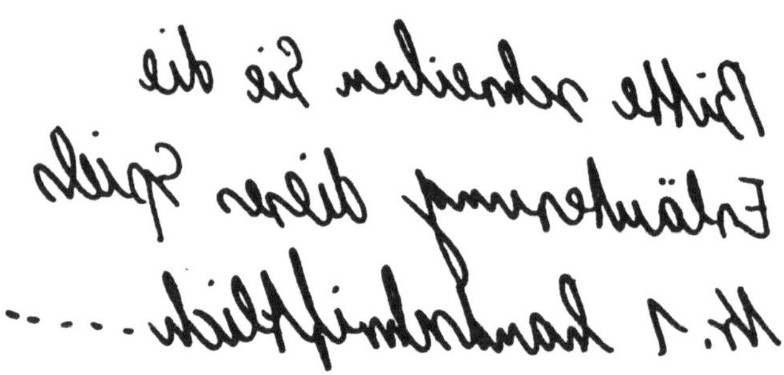

Bitte machen Sie dieses Spiel insgesamt 30-mal, aber nicht öfter als zweimal in der Woche und nicht weniger als einmal in der Woche. Notieren Sie die Anzahl der Spiele wieder in Ihrer Strichliste. Nehmen Sie jedes fünfte Mal einen anderen Text.

Strichliste:

Erfolg: Die rechte Gehirnhälfte (die Verbindung hin zum Körper geht über Kreuz) wird trainiert, was sich nach und nach in einer besseren Konzentration äußert, da anschließend mehr aktivierte Gehirnzellen zur Verfügung stehen. Bislang hatten Sie beim Schreiben die linke Gehirnhälfte beansprucht (oft sogar überfordert, wenn Sie unter Stress standen). Dabei wurde gleichzeitig die rechte Gehirnhälfte vernachlässigt!

Spiel 2:

Bitte verfolgen Sie in dieser Figur den Weg von A nach B und anschließend wieder von B nach A zurück. Einmal hin- und einmal zurückverfolgen gilt als ein Spiel.

Erfolg: bereits besprochen (Kapitel 18, Spiel 4)

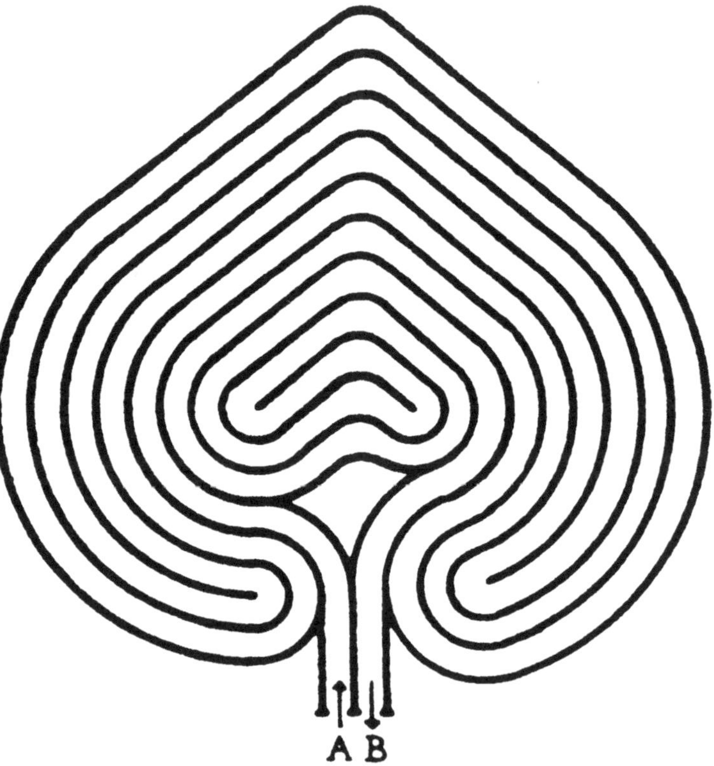

Strichliste:

Spiel 3:

Im Erfolg und in der Durchführung bereits besprochen (Kapitel 18, Spiel 2)

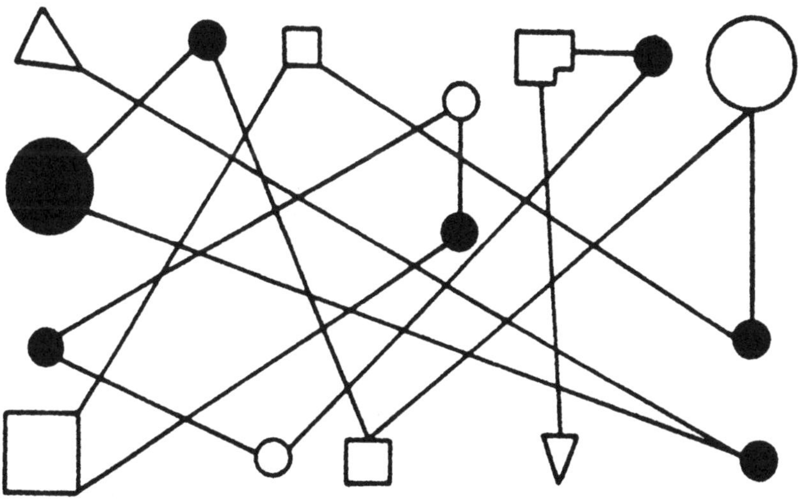

Strichliste:

Spiel 4:

Bereits im Erfolg und in der Durchführung besprochen (Kapitel 18, Spiel 4).

Anmerkung: Diese Übung hat einen sehr hohen Schwierigkeitsgrad, da Sie hier den Weg zwischen den Linien verfolgen!

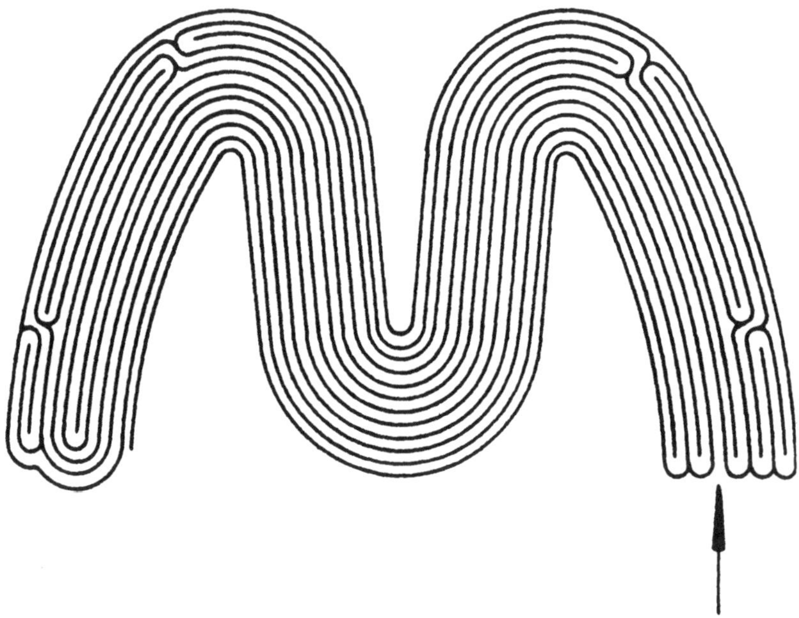

Strichliste:

Spiel 5:

Bei diesem Spiel sollen Sie sich die folgenden 20 Wörter vorlesen lassen. Dabei müssen Sie das jeweils gerade vorgelesene Wort rückwärts nachsprechen. Das gelingt Ihnen dann, wenn Sie sich das jeweilige Wort vor Ihrem geistigen Auge geschrieben vorstellen und es dann rückwärts „ablesen“.

Zur Kontrolle und Erleichterung desjenigen, der Ihnen die Begriffe vorliest, steht die rückwärtige Aussprache hinter jedem einzelnen Wort.

Ein Spiel haben Sie dann gemacht, wenn Sie alle 20 Begriffe rückwärts wiedergegeben haben (ck, sch, ch bleiben als Einheit erhalten, sie werden also nicht rückwärts gesprochen).

Auto	(otua)	Dorf	(frod)
Mantel	(letnam)	Land	(dnal)
Kelch	(chlek)	Kante	(etnak)
Garten	(netrag)	Loch	(chol)
Onkel	(lekno)	groß	(ßorg)
laufen	(nefual)	Eier	(reie)
Seide	(edies)	Ruf	(fur)
Bruder	(redurb)	singen	(negnis)
reden	(neder)	Antenne	(ennetna)
Tisch	(schit)	Eimer	(remie)

Strichliste:

Bitte machen Sie dieses Spiel insgesamt 50-mal, aber nicht öfter als dreimal am gleichen Tag. Notieren Sie Ihr Ergebnis wieder in Ihrer Strichliste.
Erfolg: Legasthenische Schwächen sinken, das bildliche Vorstellungsvermögen steigt, Ihre Konzentration beim Schreiben und Lesen von Texten steigt ebenfalls.

Spiel 6:

Hier müssen Sie wieder Quersummen vergleichen. Dieses Spiel wurde bereits im Erfolg und in der Anwendung erklärt (Kapitel 19, Spiel 8).

84253948	23410672	35389074	68742311
62951375	43774025	21456809	13924786

13273729	19538953	19538953	12506744
48629848	92635932	59103749	28327406

Strichliste:

Spiel 7:

Bereits in der Durchführung und im Erfolg besprochen (Kapitel 18, Spiel 7)

42 GP 3	JF 173
42 GB 3	JF 273

KZ 31 K	49 MV 3
MZ 31 K	49 MW 3

FK 34 M	1Z3MG
FG 34 M	1Z4MG

AZVOE	N3LKG
AZVPE	N3LKG

Strichliste:

Spiel 8:

Bereits in der Durchführung und im Erfolg besprochen (Kapitel 18, Spiel 3)

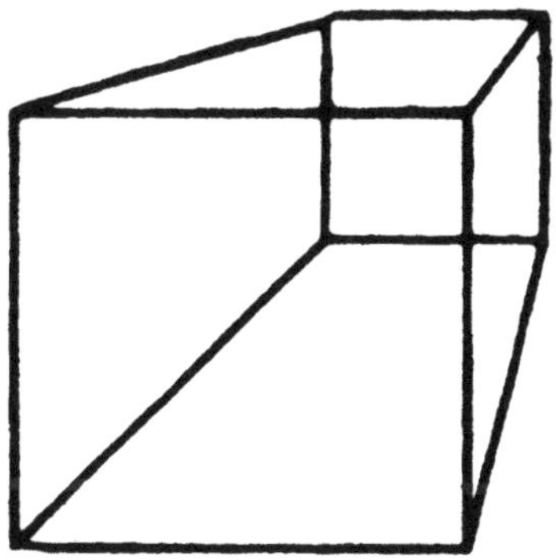

Strichliste:

Spiel 9:

Bereits in der Durchführung und im Erfolg besprochen (Spiel 1).
Schreiben Sie die Spielanleitung zu Spiel 5 dieses Kapitels in Spiegelschrift ab.

Strichliste:

Spiel 10:

Bereits bei der Durchführung und im Erfolg besprochen (Kapitel 18, Spiel 8)

7253964	3830547	7623465	3019784	1347590
5284393	4822319	9964311	0647805	6310464

Strichliste:

Spiel 11:

Bereits in der Durchführung und im Erfolg besprochen (Kapitel 19, Spiel 7)

Strichliste:

Spiel 12:

Bereits in der Durchführung und im Erfolg besprochen (Kapitel 18, Spiel 3)

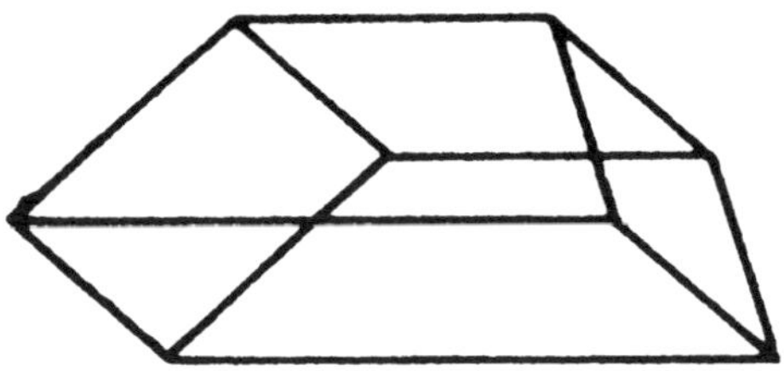

Strichliste:

Spiel 13:

Finden Sie in der folgenden Liste alle Buchstaben „d", die oben zwei Punkte haben (z. B. d̈).

Streichen Sie aber diese Buchstaben nicht an, damit Sie diese Übung wiederholen können.

d̈ ḃ ḋ d̈ b̈ d̈ ḃ ḃ b̈ d̈ ḋ ḋ b̈ b̈ ḋ d̈

ḃ b̈ b̈ d̈ b̈ d̈ b̈ b̈ d̈ ḃ ḃ ḋ b̈ d̈ d̈ b

ḋ d̈ b̈ b ḋ ḃ ḋ d̈ b̈ b̈ d̈ d b ḋ d̈ b

d̈ ḃ

Machen Sie diese Übung insgesamt 50-mal, aber nicht öfter als dreimal am Tag. Notieren Sie die Anzahl Ihrer Spiele wieder in der Strichliste. Variieren Sie dieses Spiel, indem Sie auch einige Male die Buchstaben b̈, ḃ oder ḋ zählen.

Strichliste:

Erfolg: Ihre Reaktionsschnelligkeit steigt.

Spiel 14:

Bereits in der Durchführung und im Erfolg besprochen (Kapitel 19, Spiel 7)

Strichliste:

Spiel 15:

Bereits in der Durchführung und im Erfolg besprochen (Kapitel 19, Spiel 8)

1228673	4693582	1245061	2142619
8443389	2362275	0961737	4023516
1340761	4847372	6362184	5952412
0462848	7165461	9839374	4513254

Strichliste:

So weit, lieber Leser, das Trainingsprogramm „Gedächtnis und Konzentration“. Wie Sie gesehen haben, ist ein solches Training mehrschichtig, denn Gedächtnis ohne Konzentration kann niemals funktionieren, und zu einem guten Gedächtnis gehört das Lernen mit Assoziationen, die Lerntechnik und eine optimale Konzentration.

IV. Die CD-ROM: Interaktiver, unterhaltsamer Gedächtnistrainer

Auf der Basis dieses Buches wurde von der Firma HJP-Multimedia GmbH, Furtwangen bei Freiburg, ein interaktiver unterhaltsamer Gedächtnistrainer auf CD-ROM entwickelt. Diese CD-ROM gilt seit Jahren als das erfolgreiche Referenzprodukt in Deutschland und sticht hervor durch eine hervorragende grafische Oberfläche und eine große Anzahl spannender Übungen im Bereich „Gedächtnis und Konzentration“.

Jede Übung wird immer wieder neu durch einen Zufallsgenerator aufgebaut, so dass Sie diese Übungen so oft trainieren können, wie Sie wollen, ohne dass eine Übung bereits im Gedächtnis verankert ist und dadurch wertlos wird. Der gleiche Übungstyp erscheint jedes Mal beim Aufrufen in einer neuen Variante.

In diesem Buch finden Sie als kostenlose Beigabe eine abgespeckte Version dieser CD-ROM.

Auf den folgenden Seiten lesen Sie die vollständige Beschreibung dieser CD-ROM, so dass Sie auch die Möglichkeiten der Vollversion kennen lernen.

Wenn Sie sich für die Vollversion interessieren, dann können Sie diese bei uns bestellen. Der Preis liegt bei 39,95 Euro (inklusive MwSt.) zuzüglich Versandkosten.

Ich wünsche Ihnen viel Spaß und Spannung beim spielerischen Trainieren Ihres Gedächtnisses und Ihrer Konzentration mit der beiliegenden CD-ROM.

Bestelladresse:
Die Beyer-Seminare GmbH
Loxsiefen 5a
51789 Lindlar-Hohkeppel
Telefon: 0 22 06 / 8 00 41

Fax: 0 22 06 / 8 00 45
Internet: www.beyer-seminare.de
E-Mail: info@beyer-seminare.de

Der interaktive Gedächtnistrainer

Wer kann von sich behaupten, noch nie etwas vergessen zu haben?
Sei es ein Name, der einem auf der Zunge liegt, eine Telefonnummer, die man sich unbedingt merken wollte, oder aber Vokabeln, die einem im Urlaub das süße Leben leichter machen.

„Der interaktive Gedächtnistrainer" trainiert spielerisch all diese Bereiche und noch mehr …

Das Programm setzt sich aus drei Bereichen zusammen:

Der Trainingsteil
Im Trainingsteil finden Sie 18 Gedächtnis- und elf Konzentrationsübungen, die nach neuesten didaktischen Erkenntnissen aufeinander aufgebaut sind.

Diese Übungen helfen nicht nur, Zahlen und Bilder besser zu behalten, sondern unterstützen beim Einprägen von Vorträgen, Terminen, Telefonnummern, Einkaufslisten, Gesichtern und Namen und vielem mehr. So lässt sich mit dem Programm ziemlich alles trainieren, was das Herz begehrt und das Hirn verweigert. Alle Übungsinhalte werden per Zufallsgenerator aus einer umfangreichen Datenbank zusammengestellt. Zusätzlich fordern unterschiedliche Schwierigkeitsgrade Ihre grauen Zellen immer wieder aufs Neue heraus. Sie werden staunen, wie Sie sich schon nach wenigen Übungseinheiten viele Dinge des täglichen Lebens wesentlich besser einprägen können.

Ein Assistent begleitet Sie durch das gesamte Training. Ausführliche Erläuterungen zu den einzelnen Übungen erklären nicht nur die zu verwendenden Gedächtnis- und Konzentrationstechniken, sondern vermitteln zusätzlich umfangreiche Hintergrundinformationen zur Funktionsweise des Gedächtnisses.

„Der interaktive Gedächtnistrainer" verbindet wissenschaftlich fundierte und langjährig erfolgreich angewendete Methoden (auf der Basis der Gedächtnismethode von Günther Beyer) mit den modernen Mitteln des Mediums „CD-ROM".

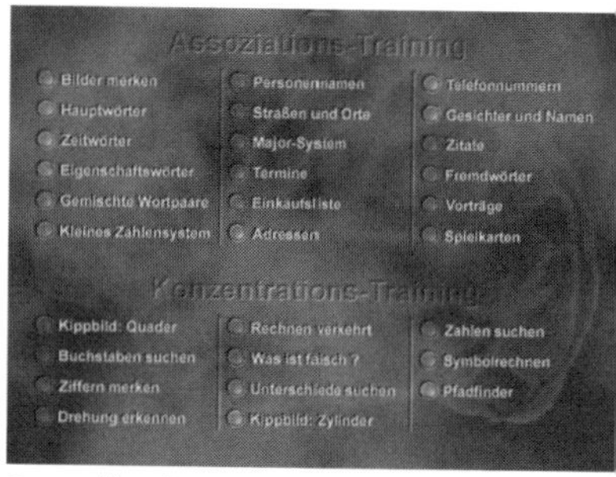

Das alles können Sie trainieren

Die Interaktivität, das Eingehen auf den Lernfortschritt des Benutzers, die umfangreiche Datenbank, aus der die Übungen bei jedem Durchgang neu zusammengestellt werden, und die kurzweilige sowie unterhaltsame Art der Darstellung lassen den interaktiven Gedächtnistrainer immer wieder zu einem – erfolgreichen – Erlebnis werden.

Bei den Übungen „Zitate" und „Fremdwörter" trainieren Sie nicht nur Ihr Gedächtnis, sondern erweitern als positiven Nebeneffekt Ihren Zitate- und Fremdwörterschatz um ein Vielfaches. Würzen Sie Ihre Vorträge mit passenden Zitaten, und die Aufmerksamkeit Ihrer Zuhörer ist Ihnen gewiss. Als zusätzliches „Bonbon" erlernen Sie gleichzeitig Methoden, um Vokabeln leichter aufzunehmen.

Der Testteil

Im Testteil können Sie sich regelmäßig in den wichtigsten Bereichen prüfen lassen und später die einzelnen Testergebnisse auf den Statistikseiten miteinander vergleichen.

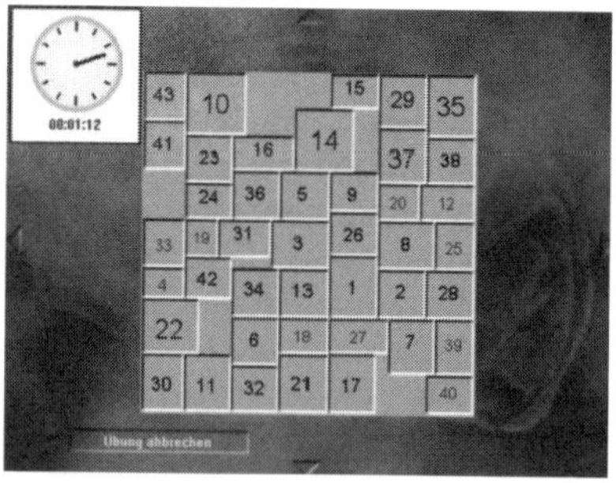

Eine der zahlreichen Konzentrationsübungen

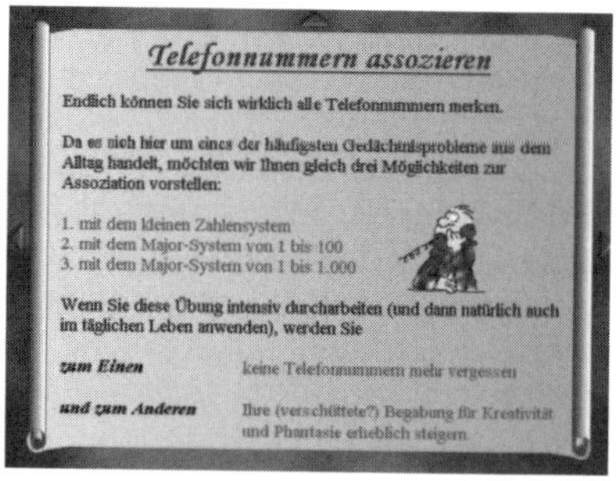

Erklärungsbeispiele

Wissenswertes

Der Abschnitt „Wissenswertes" rundet das Programm mit einem Gedächtnislexikon ab. Hier finden Sie eine Fülle interessanter zusätzlicher Informationen und auch kleine Anekdoten rund um das menschliche Gedächtnis. Beim Durchstöbern der einzelnen Übungen wird sehr schnell klar, dass man

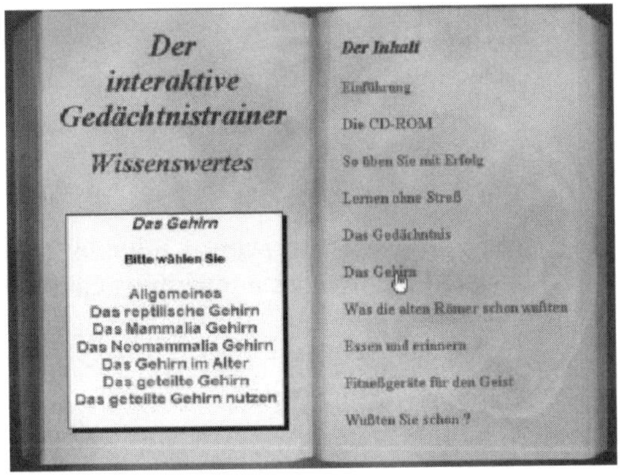

Hintergrundinformationen

sich für diese CD-ROM Zeit nehmen sollte. Denn wie bei jedem Training kommt der Erfolg nur dann, wenn die Übungen gründlich absolviert und in einer gewissen Regelmäßigkeit wiederholt werden.

„Der interaktive Gedächtnistrainer“ ist geeignet für alle, die mit einem perfekten Gedächtnis erfolgreicher werden möchten. Ob Sie sich in Alltag, Schule und Beruf besser auf Ihr gutes Gedächtnis verlassen können möchten, auf Partys oder Veranstaltungen Gedächtniskunststücke vorführen wollen oder beim Black-Jack im Kasino alle Karten nachhalten möchten …

Fazit

„Der interaktive Gedächtnistrainer“ verhilft Ihnen zum Erfolg.

Referenzen

FOCUS

„Bücher zum Gedächtnistraining füllen ganze Regale. Ihr Nachteil: Sind die Tests einmal gemacht, kann man die Lösung zwar vom Papier radieren, nicht aber aus den grauen Zellen. Eine kleine Firma aus Furtwangen hat das Problem gelöst. Die Aufgaben ihres interaktiven Gedächtnistrainers wechseln bei jedem Trainingslauf durch 18 Disziplinen der Gedächtniskunst.“

SPIEGEL ONLINE

„Die Vielfalt der Übungen lässt keine Langeweile aufkommen, so dass ‚Der interaktive Gedächtnistrainer‘ zu den seltenen CD-ROMs zählt, die man tatsächlich immer wieder genießen kann …“

Capital

„‚Der interaktive Gedächtnistrainer' bringt Ihre grauen Zellen wieder in Schwung."

VOGUE

„Wer Probleme mit Namen oder Telefonnummern hat, kann seine Merkfähigkeit mithilfe des interaktiven Gedächtnistrainers deutlich verbessern."

fit FOR FUN

„Sehr gut aufgemachtes Trainingsprogramm mit Entspannungsübungen"

PC PROFESSIONELL

„Fazit: Effektiver Gedächtnistrainer ****"

R.TV REGIONAL-FERNSEHEN

„... können Sie mit dem interaktiven Gedächtnistrainer wahre Wunder vollbringen. Denn wer fit im Kopf ist, der verblüfft nicht selten seine Umwelt durch ein fantastisches Erinnerungsvermögen."

Badische Zeitung

„... ist die CD-ROM rundum gelungen."

V. In eigener Sache

Der Begründer des heute gängigen Gedächtnis- und Konzentrationstrainings

Die Themen rund um Gedächtnis und Konzentration sowie generell die „Brain Fitness“ sind in den letzten Jahren auf breites Interesse gestoßen.

Dies freut mich besonders, war ich doch vor Jahren Initiator, Begründer und Entwickler der heute überall erfolgreich angewandten Methoden des Gedächtnis- und Konzentrationstrainings.

Bereits 1970 – als Unterprimaner eines Gymnasiums in der Nähe von Köln – führte ich meine Gedächtnisleistungen der Presse vor (siehe Artikel: „Ein Gedächtnis wie ein Computer“). Im gleichen Jahr verfasste ich mein erstes Buch und hielt die ersten Seminare zu diesem damals noch für die breite Öffentlichkeit neuen Thema.

Bis heute sind von mir zu diesen Themen über 20 Bücher erschienen, zum Teil in vier Sprachen und mit einer Gesamtauflage von mehr als zwei Millionen Stück.

Sieben Fernsehsendungen habe ich dazu moderiert, in weiteren fünf war ich Talkgast (WDR und RTL). Darüber hinaus wurden meine Methoden des Gedächtnis- und Konzentrationstrainings in über 300 Zeitungsartikeln beschrieben und mehr als 80 Seminare wurden jährlich von mir bis heute zu diesem Thema veranstaltet. An vielen Universitäten für Pädagogik ist meine Literatur heute ein Muss.

Auf den folgenden Seiten habe ich nun zum ersten Mal die Titelseiten meiner Publikationen in zeitlicher Reihenfolge zusammengestellt sowie einige beispielhafte Pressestimmen.

Ich freue mich, dass ich Ihnen in diesem Buch in Verbindung mit einer professionellen CD-ROM meine langjährige Erfahrung auf dem Gebiet des Gedächtnisses, der Konzentration und des Lernens vermitteln kann. Seminare und weitere Möglichkeiten finden Sie am Ende des Buches.

Günther Beyer

Chronologische Verbreitung der Lernmethode

1970 Zeitungsartikel „Beyers Gehirn registriert Zahlen wie ein Computer“
1970 Die ersten Seminare in NRW
1970 Fernsehsendung WDR, „Das Gedächtniswunder“
1971 Zeitungsartikel „Gedächtniswunder steckt andere an“
1971 Buch „Gedächtnisschulung“
1973 Zeitungsartikel „Übung allein bringt Erfolg“
1974 Buch „Gedächtnis- und Konzentrationstraining“
1975 Buch „Minnes- och koncentrationsträning“ (Schweden)
1976 Zeitungsartikel „Erst lernt er im Schlaf, jetzt stärkt er Gehirne“
1976 Buch „So lernen Schüler leichter“
1977 Buch „ Gedächtnis- und Konzentrationstraining“
1977 Siebenteilige Fernsehreihe „Gedächtnistraining für Schüler“, WDR
1977 Buch „Köpfchen, Köpfchen“, Begleitbuch zur Fernsehreihe
1977 Buch „Gedächtnistraining“
1978 Buch „So lernen Schüler leichter“
1978 Buch „Kreatives Lernen“
1979 Buch „Aufmerksamkeitstraining in der Schule“

1979 Ankündigung „Gedächtnis- und Konzentrations-training“
1979 Buch „Aufmerksamkeitstraining in der Schule“
1980 Buch „Aufmerksamkeitstraining in der Schule“
1981 Fernsehsendung „Superlearning“, RTL
1982 Buch „Superwissen durch Alpha-Training“
1982 Buch „Gedächtnis, Konzentration, Lernen“
1982 Buch „Schnell und erfolgreich lernen – Superlearning“
1983 Buch „Erfolgreich lernen – Superlearning“
1984 Buch „So lernen Schüler leichter“
1985 Artikel „Zeitgewinn“
1986 Buch „Aprendizaje Creativo“ (Spanien)
1986 Buch „Gedächtnis- und Konzentrationstraining“
1986 Kassetten „Gedächtnis- und Konzentrationstraining“
1988 Buch „Mehr lernen und leisten ohne Stress“
1990 Buch „Gedächtnistraining“
1991 Buch „Gedächtnis- und Konzentrationstraining“ (Bayer)
1991 Buch „So lernen Schüler leichter“
1992 Buch „Gedächtnis- und Konzentrationstraining“ (Bayer)
1992 Buch „Urjenje Spomania in Koncentracije“ (Slowenien)
1993 Buch „Gedächtnis- und Konzentrationstraining“ (Bayer)
1993 Buch „So lernen Schüler leichter“
1994 Buch „Gedächtnistraining“
1994 Buch „Top im Alter“ (Bayer)
1994 Buch „Brainfitness“
1996 Buch „Erfolgreich lernen – Superlearning“
1997 CD-ROM „Der interaktive Gedächtnistrainer“
1998 Buch „Gedächtnistraining“
2002 Buch „Aufmerksamkeitstraining im Unterricht“
2004 Buch „Brain Fitness“ mit CD-ROM

Chronologische Bücherliste von Günther Beyer zum Thema „Gedächtnis und Lernen"

Gedächtnisschulung
Erschienen: 1971
Auflage: 2.000

Gedächtnis- und
Konzentrationstraining
Erschienen: 1974
Gesamtauflage: 350.000

Minnes- och
koncentrationsträning
(Schweden, Gedächtnistraining)
Erschienen: 1975
Auflage: 6.000

So lernen Schüler leichter
Erschienen: 1976
Auflage: 14.000

Gedächtnis- und
Konzentrationtraining
Erschienen: 1977
Gesamtauflage: 350.000

Köpfchen, Köpfchen
(Buch zur 7-teiligen Fernsehreihe)
Gedächtnistraining für Schüler & Co.
Erschienen: 1977
Auflage: 12.000

Gedächtnistraining
Erschienen: 1977
Auflage: 3.000

So lernen Schüler leichter
Erschienen: 1978
Auflage: 15.000

Kreatives Lernen
Erschienen: 1978
Gesamtauflage: 350.000

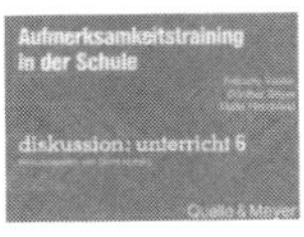

Aufmerksamkeitstraining
in der Schule
Erschienen: 1979
Auflage: 9.000

Aufmerksamkeitstraining
in der Schule
Erschienen: 1980
Auflage: 9.000

Superwissen durch
Alpha-Training
Erschienen: 1982
Auflage: 8.000

Gedächtnis,
Konzentration, Lernen
Erschienen: 1982
Auflage: 3.000

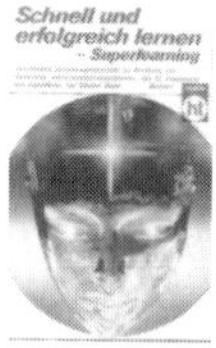

Schnell und erfolgreich
lernen – Superlearning
Erschienen: 1982
Gesamtauflage: 40.000

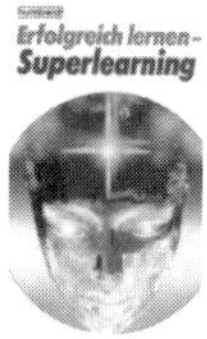

Erfolgreich lernen –
Superlearning
Erschienen: 1983
Gesamtauflage: 40.000

So lernen Schüler leichter
Erschienen: 1984
Auflage: 12.000

Aprendizaje Creativo
(Spanien, Kreatives Lernen)
Erschienen: 1986
Auflage: 12.000

Gedächtnis- und
Konzentrationstraining
Erschienen: 1986
Gesamtauflage: 350.000

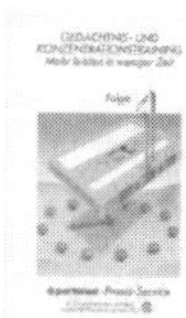

Gedächtnis- und
Konzentrationstraining
6 Folgen auf Kassette
Erschienen: 1986
Auflage: 3.000

Mehr Lernen und leisten
ohne Stress
Erschienen: 1988
Auflage: 4.000

Gedächtnistraining
Sonderausgabe für Bayer
Erschienen: 1990
Auflage: 40.000

Konzentrations- und
Gedächtnisübungen (Bayer)
Erschienen: 1991
Auflage: 400.000

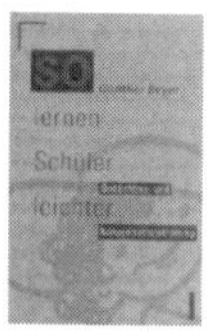

So lernen Schüler leichter
Erschienen: 1991
Auflage: 10.000

Konzentrations- und
Gedächtnisübungen (Bayer)
Erschienen: 1992
Auflage: 400.000

Urjenje Spomania in Koncentracije
(Slovenien, Gedächtnisschulung)
Erschienen: 1992
Auflage: 6.000

Konzentrations- und
Gedächtnisübungen (Bayer)
Erschienen: 1993
Auflage: 400.000

So lernen Schüler leichter
(Sonderausgabe)
Erschienen: 1993
Auflage: 8.000

Gedächtnistraining
Erschienen: 1994
Gesamtauflage: 350.000

Top im Alter (Bayer)
Erschienen: 1994
Auflage: 400.000

Brainfitness
Erschienen: 1994
Gesamtauflage: 350.000

Erfolgreich lernen –
Superlearning
Erschienen: 1996
Auflage: 40.000

Der interaktive
Gedächtnistrainer (CD-ROM)
Erschienen: 1997
Auflage: 35.000

Gedächtnistraining
Erschienen: 1998
Auflage: 10.000

Aufmerksamkeitstraining im
Unterricht
Erschienen: 2002
Auflage: 9.000

Brain Fitness (mit CD-ROM)
Erschienen: 2004
Auflage: noch nicht festgelegt

Bergische Landeszeitung, 23.02.1970

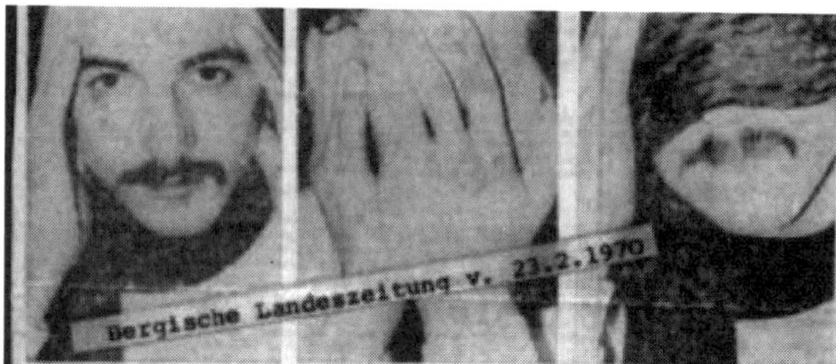

Bergische Landeszeitung v. 23.2.1970

Konzentrieren ... Denken ... Es gibt keine Tricks

Beyers Gehirn registriert Zahlen wie ein Computer

20jähriges Gedächtniswunder in Gladbachs Gymnasium

VON WERNER PÜTZ

Bergisch Gladbach. (wp) Dieser junge Mann verhält sich wie ein Computer. Mit unglaublicher Präzision und verbundenen Augen registriert und ordnet der 20jährige Günter Beyer aus Gronau (Dünhofsweg 57) auf Zuruf bis zu 50 Zahlen mit dazugehörigen Begriffen. Wie immer es gefällt, dürfen dem 20jährigen Gedächtniswunder die Zahlen von 20 bis 50, dazu x-beliebige Wörter in wilder Reihenfolge genannt werden. Vor- und rückwärts, oder wie auch immer gewünscht, „spuckt" er sie aus. Zahlen und Begriffe stimmen haargenau.

Zahlen-Bilder

Eigene Methode

Keine Zweifel

Kontrolle für Zuschauer

Ohne Tricks und doppelten Boden

Gedächtniswunder steckt andere an

Er lehrt, wie man 250 Vokabeln pro Minute lernt

Bergisch Gladbach (ag) — Die Wissenschaftler beklagen es seit langem: Der Mensch nutzt nur einen gewissen, zuweilen betrüblich kleinen Prozentsatz seiner tatsächlichen Denkfähigkeit für das tägliche Leben und seine Wirksamkeit in der Gesellschaft. Diesem Mißstand kam Günter Beyer, das rheinisch-bergische Konzentrationswunder, auf seine Weise während der vergangenen Monate in der VHS Bergisch Gladbach bei: unter seiner Anleitung lernten Schülerinnen und Schüler zwischen 11 und 65 ihre Gedächtnisleistung auf das Vierfache zu steigern: durch Mnemotechnik.

Als Konzentrationswunder machte Günther Beyer schon im vorigen Jahr von sich reden. Der ehemalige Fernmeldetechniker, der nach abgeschlossener Lehre innerhalb eines Jahres das Abitur machte, demonstrierte nun in der Gladbacher Volkshochschule, daß auch andere Menschen seine Mnemotechnik leicht erlernen können, wenn sie nur fleißig üben.

Zu deutsch: Technik der Lernhilfen. Günter Beyer hat sie in einer Weise vervollkommnet, von der er mit Stolz sagen kann, daß sie in der Bundesrepublik und über deren Grenzen hinaus konkurrenzlos ist. Ganz egal, was für eine Art von Gedächtnis ein Mensch zu ihm bringt — er schafft es in kürzester Zeit so, daß es zum Beispiel in einer Minute zirka 250 Vokabeln aufzunehmen und auch zu behalten imstande ist.

Der ehemalige Fernmeldetechniker ist selbst die beste Reklame für seine Methode: innerhalb von einem Jahr machte er, nach abgebrochenem [illegible], das Abitur. Er machte es extern in Bonn, weil sein Fall einmalig ist. Im Herbst wird er, jetzt 21 Jahre alt, mit dem Studium der Mathematik beginnen.

Zum Abschluß von vier Kursen, die den Herbst und Winter über ihren Lauf nahmen, demonstrierte der junge Denk[illegible] der Öffentlichkeit am lebenden Beispiel am Mittwochabend im Forum den Erfolg seiner Arbeit, ohne Tricks und doppelten Boden, wie sich denken läßt, und mit erstaunlichen Effekten. Da repetierte der elfjährige Volker scheinbar mühelos Zahlen von 10 bis 30 mit assoziierten Substantiven vorwärts und rückwärts; eine siebzehnjährige Gymnasiastin verfuhr desgleichen mit einer ganzen Tafel voll von Namen und Telefonnummern. Welches Datum hatte der 3. Samstag im Juni 1970? fragte man, und bekam, auf dem Kalender nachprüfbar, prompt die richtige Antwort.

Dreimal fünf Zahlen, insgesamt 15 zweistellige, läßt man hinter dem Rücken des Kandidaten an die Tafel schreiben, und er sagt sie nach dem Gehör wieder her, als lese er sie ab. Alle Vorteile und Fähigkeiten des visuellen, des motorischen und des akustischen Gedächtnisses weiß Günter Beyer zu aktivieren.

Dem Besitzer eines dergestalt trainierten Gehirns, so erfährt man, erübrigt sich zukünftig ein Notizbuch, denn er kann seine sämtlichen Termine, Anschriften und Telefonnummern im Kopfe behalten. Dem gedächtnismobilen Schüler können keine vergessenen Geschichtszahlen, chemischen oder mathematischen Formeln, lateinische Vokabeln (siehe oben) mehr den Schlaf rauben, es mag ihm sogar gelingen, ganze Stundeninhalte so zu memorieren, daß ihm das nachträgliche Schreiben eines Protokolls oder einer Nacherzählung zum schieren Vergnügen wird.

Die Hausfrau, von Günter Beyer geschult, braucht keinen Spickzettel zum Einkaufen mehr, der Kaufmann sieht sich der Notwendigkeit enthoben, Preislisten beim Auszeichnen der Ware des öfteren zu Rate zu ziehen, denn einmal gelesen und eingeprägt, weiß er deren Inhalt ein für allemal. Ganz und gar entfällt auch für den mnemotechnisierten Zeitgenossen die jahrhundertalte Gültigkeit des Sprichwortes: „Was man nicht im Kopf hat, das muß man in den Beinen haben."

Die Hochwertigkeit der guten Beyer-Gedächtniskurse hat sich inzwischen natürlich herumgesprochen, und so sieht der Meister sich ab September dieses Jahres genötigt, eine umfangreiche Klientele nicht nur in Bergisch Gladbachs VHS weiter, sondern auch in der Volkshochschule von Bensberg neu zu betreuen. Für den häuslichen Selbstunterricht schrieb er im übrigen ein Buch, das — ebenfalls im Herbst — im Bergisch Gladbacher Heider-Verlag unter dem Titel „Gedächtniserhaltung in zwölf Lektionen" erscheinen wird. Mit Hilfe dieser Arbeitsanleitung für den Umgang mit sich selbst und seinen kleinen grauen Zellen, des ist der Verfasser sicher, kann es jedermann auch als Autodidakt in kurzer Zeit zu nützlichen Konzentrationsleistungen bringen — vorausgesetzt, er übt und trainiert recht fleißig. Denn Genie — Günter Beyer möchte da dem alten Geheimrat Goethe keineswegs widersprechen — ist auch wie vor eben Fleiß.

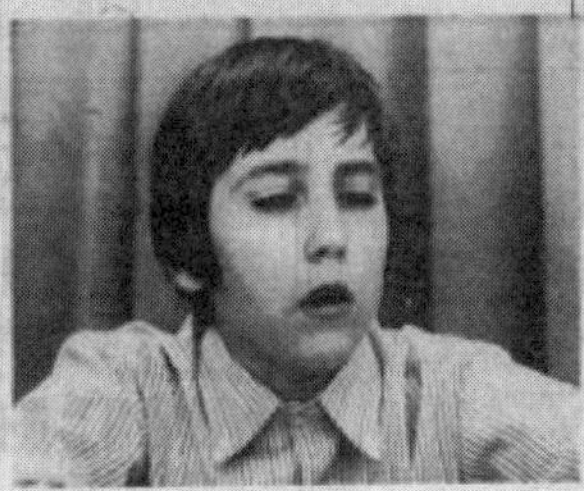

Völlig konzentriert auf die Aufgabe, das lernte auch der jüngste Schüler Beyers, ein elfjähriger Junge. Mit beinahe geschlossenen Augen demonstrierte er, was er gelernt hat.

04. Juni 1971
Bergisches Land

NAMEN

Günther Beyer, vor Jahresfrist entdecktes „Rheinisch-Bergisches Gedächtniswunder", mittlerweile Student der Mathematik und der Psychologie, Verfasser einer Lehrmethode des Gedächtnistrainings, eröffnet am Samstag, 30. Oktober, in Gladbach, Bensberger Str. 229, eine „Privatschule für allgemeine Leistungssteigerung". In dieser Schule sollen Gedächtnisförderungs- und Schnelllesekurse absolviert werden können, außerdem Techniken der „Jogation" (Der KStA berichtete über diese Methode des autogenen Trainings mit seiner Ausgabe vom 15.9.) und solche der Meditation praktiziert.

Mit „Köpfchen"

Übung allein bringt Erfolg

Konzentration ist erlernbar

Opladen (og) — Die meisten seiner 40 Zuhörer — Mütter und Schulkinder — kamen von Anfang an aus dem Staunen nicht heraus. Günter Beyer, 23 Jahre jung und schon Dozent „an den meisten Volkshochschulen in Nordrhein-Westfalen", verblüffte sie ein übers andere Mal. Er demonstrierte, was selbst aus einem vermeintlich wie ein Sieb gelöcherten Gedächtnis gemacht werden, was es speichern kann — nach systematischem Training.

WIE AUS DER PISTOLE geschossen, nannte „Gedächtniskünstler" Günter Beyer Begriffe und die zuvor ihnen zugeordnete Zahlen — natürlich bei verdeckter Wandtafel. Das Geheimnis des „Beyer-Trainings": Training, nur Training.

Dienstag, 13 Februar 1973
Kölner Stadt-Anzeiger

Wuppertal, *General Anzeiger*, Mittwoch, 11. Februar 1976

Günther Beyer zeigt den Kindern des Förderkreises verschiedene Kärtchen, die sie sich merken sollen. Bei Beyers System stehen Bilder für Begriffe. ***Foto: Rainer Haldenwang***

Erst lernte er im Schlaf Jetzt stärkt er Gehirne

Angehender Psychologe trainiert Kinder-Gedächtnisse

Zwei Blitze (Symbol für die Zahl 14) aus dem Kuheuter bedeuten, daß ein Rindvieh an die vierzehn Liter Milch am Tag liefert. Damit will Psychologe Günther Beyer (26), Buchautor und VHS-Mitarbeiter, Konzentrationsschwächen von Kindern zwischen 8 und 15 Jahren bessern.

Vor fünf Jahren porträtierte das WDR-Fernsehen den Schüler Günther Beyer, weil er sich auf ungewöhnliche Art aufs Abitur vorbereitete. Beyer hatte ein Tonbandgerät gebastelt, das nachts Vokabeln abspulte. Beyer lernte sozusagen im Schlaf.

Inzwischen studiert Günther Beyer Psychologie, steht einem selbstgegründeten Bildungsinstitut vor und hat ein Buch geschrieben: „So lernen Schüler leichter".

Nun wollten die Fernsehleute wissen, was aus Beyer wurde und wohin er steuert. Gestern drehten sie die Fortsetzung in der Volkshochschule Wuppertal. Der Förderkreis „Eltern—Schüler" machte mit.

Dieser im Sommer 1975 gegründete Kreis will im Rahmen von Selbstlerngruppen denjenigen Schülern, „die in der Schule schwach sind", Hilfen bei Gedächtnis- und Konzentrationsschwierigkeiten geben. Grundlage ist Beyers Buch.

„Die Schule verlangt Arbeit und Lernleistung", heißt es dort im Vorwort, „lehrt jedoch keine Techniken, wie Leistungen sinnvoll erbracht werden."

In seinen Instituten bietet der Autor mit seinem Trainerteam Seminare, Vorträge, Workshops und Coachings zu den folgenden Bereiche an:

- **Führen**
- **Persönlichkeit**
- **Konfliktsouveränität**
- **Kreativität**
- **Change-Management**
- **Arbeitstechniken**
- **Sprachen**
- **Die Sekretärin als Allround-Talent**
- **Verkaufstraining**
- **Telefontraining**
- **Marketing**

Die Beyer-Seminare GmbH
(Muttergesellschaft)

Offene Veranstaltungen
Seminare – Vorträge – Tagungen

Zielgruppen:
Industrie, Handel, Dienstleister, Handwerk, Verkauf, Beratung, Vertrieb, Marketing, verkaufsaktiver Innendienst

Institut für Creatives Lernen
ICL Günther Beyer GmbH

Inhouse
Beratung – Training – Coaching

Zielgruppen:
Industrie, Handel
Dienstleister, Handwerk

Loxsiefen 5a, 51789 Lindlar/Hohkeppel
Telefon: +49 (0) 22 06 / 8 00 41
Fax: +49 (0) 22 06 / 8 00 45
E-Mail: info@beyer-seminare.de
internet: www.beyer-seminare.de

Sales and Strategy
Concept GmbH

Inhouse
Beratung – Training – Coaching

Zielgruppen:
Verkauf, Beratung,
Vertrieb, Marketing,
verkaufsaktiver Innendienst

Loxsiefen 5a, 51789 Lindlar/Hohkeppel
Telefon: +49 (0) 22 06 / 8 00 41
Fax: +49 (0) 22 06 / 8 00 45
E-Mail: info@sas-concept.de
internet: www.sas-concept.de

cyberlearn gmbh

Blended learning
Konzepte für
Intranet und Internet

Zielgruppen:
Industrie, Handel,
Dienstleister, Handwerk

Loxsiefen 5a, 51789 Lindlar/Hohkeppel
Telefon: +49 (0) 22 06 / 8 00 41
Fax: +49 (0) 22 06 / 8 00 45
E-Mail: info@cyberlearn.de
internet: www.cyberlearn.de